ELEIÇÕES MUNICIPAIS 2024

Marino Pazzaglini Filho
Maria Fernanda Pessatti de Toledo

ELEIÇÕES MUNICIPAIS 2024

2024

EDITORA JusPODIVM
www.editorajuspodivm.com.br

EDITORA
*Jus*PODIVM
www.editorajuspodivm.com.br

Rua Canuto Saraiva, 131 – Mooca – CEP: 03113-010 – São Paulo – São Paulo
Tel: (11) 3582.5757
• Contato: https://www.editorajuspodivm.com.br/central-de-relacionamento

Diagramação: Equipe *Jus*PODIVM

Capa: Ana Caquetti

P348e Pazzaglini Filho, Marino
Eleições Municipais 2024 / Marino Pazzaglini Filho e Maria Fernanda P. Toledo Waissman. São Paulo: Editora JusPodivm, 2024.
192 p.

ISBN: 978-85-442-4889-8.

1. Direito Eleitoral. 2. Eleições. 3. Propaganda Eleitoral. 4. Campanha Eleitoral. I. Pazzaglini Filho, Marino. II. Waissman, Maria Fernanda P. Toledo. III. Título.

CDD 341.28

BIBLIOTECÁRIA RESPONSÁVEL

Ana Carolina Ribeiro Mois – CRB7 – RJ 007348/0

1.ª ed., *2.ª tir.:* mai./2024; *3.ª tir.:* jun./2024; *4.ª tir.:* jul./2024; *5.ª tir.:* set./2024.

Agradeço à Maria de Lourdes Marques Paes, advogada, especialista em interesses difusos e coletivos, diretora da Paes e Pazzaglini Advogados Associados.

Marino Pazzaglini Filho

Registro minha especial gratidão ao meu querido Rafael e aos meus pais, José Cesar (*in memoriam*) e Vandinha.

Maria Fernanda P. Toledo Waissman

PREFÁCIO

Esta obra aborda, sob o prisma das eleições de 2024, as normas da Carta Magna, do Código Eleitoral, da Lei da Inelegibilidade, da Lei Orgânica dos Partidos Políticos e da Lei das Eleições, examinando o calendário eleitoral; a fidelidade partidária; as condições de elegibilidade e as causas de inelegibilidade; a escolha e registro de candidatos a Prefeito, Vice-Prefeito e Vereador; a impugnação ao pedido de registro; a propaganda em geral, permitida e proibida; a propaganda eleitoral na internet, na rádio, na televisão e na imprensa escrita; a propaganda eleitoral gratuita e os debates na rádio e na televisão; vedações e permissões no dia da eleição; as pesquisas eleitorais; o direito de resposta; a captação ilícita de sufrágio; a arrecadação e gastos dos recursos; a prestação de contas; as representações, ações, recursos e crimes eleitorais.

Esse livro pretende ser manual de consulta para os eleitores interessados nas eleições municipais, em especial os candidatos. E, na esfera dos operadores do Direito Eleitoral, advogados, membros do Ministério Público e da Magistratura.

Marino Pazzaglini Filho

SUMÁRIO

1

A LEGISLAÇÃO ELEITORAL E A JUSTIÇA ELEITORAL

Marino Pazzaglini Filho

Dispõe o art. 1º, parágrafo único da Constituição Federal que "todo poder emana do povo, que o exerce por meio de representantes eleitos ou diretamente".

Em consequência da opção por este regime democrático fez-se necessário definir o sistema normativo que servirá para regular os processos de escolha de representantes populares.

Assim, pode-se definir o **Direito Eleitoral** como o conjunto de princípios e normas sobre o exercício dos direitos políticos ativos (poder de votar) e passivos (poder de ser votado), o sistema eleitoral brasileiro, o processo das eleições (desde a filiação partidária à diplomação dos eleitos), a organização dos pleitos nos entes da Federação (União, Distrito Federal, Estados e Municípios), a Justiça Eleitoral (organização, competência, composição, processos civil, penal e administrativo) e os crimes de natureza eleitoral.

Os princípios e normas fundamentais relativos às matérias que compõem o Direito Eleitoral têm assento constitucional: direitos políticos (arts. 14 a 16); partidos políticos (art. 17); eleições (arts. 27 a 29 e 32); sistema proporcional (art. 45); sistema majoritário (arts. 46 e 77); justiça eleitoral (arts. 118 a 121).

Em complemento a esses preceitos constitucionais, adveio a legislação infraconstitucional em vigor.

As normas de direito eleitoral fazem parte de um microssistema em que se encontram inseridas as seguintes leis:

- O Código Eleitoral – Lei nº 4.737 de 15.7.1965;
- A Lei das Inelegibilidades – Lei Complementar nº 64, de 18.5.1990;
- A Lei Orgânica dos Partidos Políticos – Lei nº 9.096, de 19.9.1995;
- A Lei das Eleições – Lei nº 9.504, de 30.9.1997;

Segundo preceito constitucional, compete privativamente à União legislar sobre direito eleitoral (art. 22, I).

A Lei Maior, porém, veda a edição de medidas provisórias sobre matéria relativa à "nacionalidade, cidadania, direitos políticos, partidos políticos e direito eleitoral" (art. 62, § 1º, I, *a*).

1.1 A ORGANIZAÇÃO JUDICIÁRIA ELEITORAL

A **Justiça Eleitoral** é segmento especializado do Poder Judiciário, que tem por missão fundamental, no exercício de suas competências jurisdicional e administrativa (administração e controle de todo o sistema eleitoral), "assegurar a organização e o exercício de direitos políticos, precipuamente os de votar e ser votado".

No que se refere à organização judiciária eleitoral, a Justiça Eleitoral é composta dos seguintes órgãos: Tribunal Superior Eleitoral – TSE, Tribunais Regionais Eleitorais, Juízes Eleitorais e Juntas Eleitorais.

A jurisdição desempenhada pelos órgãos da Justiça Eleitoral é civil e penal, compreendendo, no segundo segmento, os crimes eleitorais e os comuns conexos àqueles.

Imperam nos Tribunais Eleitorais as regras da diversidade e da periodicidade na sua composição.

Com efeito, a Justiça Eleitoral não dispõe de quadro próprio de juízes. Ela é constituída por juízes, recrutados dentre magistrados e advogados, com mandato periódico.

Os juízes dos Tribunais Eleitorais são investidos nas funções eleitorais, temporariamente, ou seja, por dois anos, podendo haver recondução somente por mais um biênio consecutivo.

O Tribunal Superior Eleitoral, órgão de cúpula da Justiça Eleitoral, é composto, de 7 (sete) juízes, sendo 3 (três) escolhidos dentre os Ministros do Supremo Tribunal Federal – STF e 2 (dois) dentre os Ministros do Superior Tribunal de Justiça – STJ, e 2 (dois) juízes dentre 6 (seis) advogados de notável saber jurídico e idoneidade moral, indicados pelo STF e nomeados pelo Presidente da República (art. 119 da CF).

Os Tribunais Regionais, também são constituídos de 7 (sete) juízes, sendo 2 (dois) dentre os desembargadores e 2 (dois) dentre os juízes de direito, escolhidos, pelo Tribunal de Justiça; 1 (um) juiz do Tribunal Regional Federal da região; e 2 (dois) juízes escolhidos dentre 6 (seis) advogados de notável saber jurídico e idoneidade moral, indicados pelo Tribunal de Justiça e nomeados pelo Presidente da República (art. 120 da CF).

Em primeira instância, juízes eleitorais são os próprios juízes da Justiça Estadual e, nas comarcas onde houver mais de uma vara judiciária, o juiz eleitoral será escolhido pelo TRE. Nas capitais, são juízes eleitorais os magistrados designados pelo TRE para presidir as zonas eleitorais.

Convém assinalar que a Justiça Eleitoral está estruturada em circunscrições eleitorais, as quais se segmentam em zonas eleitorais, que, por seu turno, se fracionam em seções eleitorais. A circunscrição eleitoral nas eleições de 2024 é o Município.

Registre-se, nesse ponto, que o Código Eleitoral atribuiu ao TSE o poder de regulamentar o sistema eleitoral, à luz das leis eleitorais em vigor, expedindo instruções para sua fiel execução. Essas instruções são formalizadas em **resoluções de caráter normativo** e, geralmente, editadas para cada época eleitoral, visando atualizar e aperfeiçoar os procedimentos eleitorais, encontrando-se para consulta no *site* do TSE.

Ao TSE cabe não só exercitar o seu poder normativo através de resoluções como também **responder consultas**, com o objetivo de esclarecer em tese matéria eleitoral, que lhe forem propostas por senador, deputado federal ou representante de órgão de direção nacional de partido político.

A **competência da Justiça Eleitoral,** no âmbito das eleições, vai até o ato de diplomação dos candidatos eleitos e com o trânsito em julgado dos recursos contra a diplomação, das ações de impugnação de mandato eletivo e das ações de investigação judicial eleitoral por captação de gastos ilícitos de recursos na campanha eleitoral, que podem ser propostas perante a Justiça Eleitoral no prazo de 15 dias contados da diplomação.

1.2 PRINCÍPIOS BÁSICOS DE DIREITO ELEITORAL

É indispensável que a Carta Magna contenha normas gerais e abstratas para a devida adaptação às novas exigências da sociedade.

É neste sentido que Celso Bastos afirma que a Constituição deve ser compreendida como um sistema normativo dinâmico:

> "Portanto não pode e nem deve ser concebida como um sistema fechado ou estático, posto que a constituição não se encontra apartada da realidade social que visa regular. Pelo contrário, a constituição formal e a constituição material encontram-se entrelaçadas, de modo que a realidade fática penetra na realidade normativa, e vice-versa. Em outras palavras: a realidade fática e a normativa encontram-se em uma relação de reciprocidade. Não se faz possível separar essas duas realidades (fática e normativa).

> É necessário confrontá-las, posto que ambas encontram-se mutuamente imbricadas[1]."

Assim, das normas componentes do ordenamento jurídico eleitoral pode-se inferir os princípios básicos do sistema eleitoral brasileiro e do processo das eleições, vetores que orientam e direcionam a concretização e a exegese das normas eleitorais. Vejamos a seguir os princípios básicos.

I – Princípio do sufrágio universal

O direito de votar é assegurado a todos os nacionais do País, maiores de 16 anos, inclusive analfabetos, alistados como eleitores, sem restrições ou condições discriminatórias.

O sufrágio universal, na síntese precisa de Sampaio Dória, é a "universalidade do voto a todos os cidadãos capazes de votar"[2].

No ensinamento de José J. Gomes Canotilho:

> "O sufrágio é um instrumento fundamental de realização do princípio democrático: através dele, legitima-se democraticamente a conversão da vontade política em posição de poder e domínio, estabelece-se a organização legitimante de distribuição dos poderes, procede-se à criação do pessoal político e marca-se o ritmo da vida política de um país. Daí a importância do direito de voto como direito estruturante do próprio princípio democrático e a relevância do procedimento eleitoral justo para a garantia da autenticidade do sufrágio."[3]

Através do voto o eleitor expressa sua vontade soberana, escolhendo seus candidatos para exercerem a representação popular.

---

1. BASTOS, Celso Ribeiro; MEYER-PFLUG, Samantha. A Interpretação como Fator de Desenvolvimento e Atualização das Normas Constitucionais. In: SILVA, Virgílio Afonso da (Org.). *Interpretação Constitucional*. 1. ed., 2. tiragem. São Paulo: Malheiros, 2005, p. 150.
2. DÓRIA, Sampaio. *Direito Constitucional*. 5. ed. vol. I. Max Limonada. p. 335.
3. CANOTILHO, José J. Gomes. *Direito Constitucional*. 6. ed. Coimbra: Livraria Almedina, 1995. p. 432.

Em consequência deste princípio, impende assinalar que a soberania popular, conforme preceito constitucional fundamental, "será exercida pelo sufrágio universal e pelo voto direto e secreto, com valor igual para todos" (art. 14, *caput*, da CF).

E a cláusula constitucional sobre emenda à Constituição acentua que:

> "não será objeto de deliberação a proposta de emenda tendente a abolir: I – a forma federativa de Estado;
>
> **II – o voto direto, secreto, universal e periódico** (grifos nossos); III – a separação dos Poderes;
>
> IV – os direitos e garantias individuais." (art. 60, § 4º da CF).

Como se vê, trata-se de cláusula pétrea, pois não pode ser objeto de deliberação a proposta de emenda constitucional, que suprima ou afete essas características fundamentais do voto.

O **voto é direto**. Significa que o voto é dado pelo eleitor, sem intermediação, a determinado candidato ou partido político.

O **voto é secreto**. Assegura-se ao eleitor o direito de mantê-lo em sigilo, ou seja, de não divulgar em quem votou ou pretende votar. Garante a liberdade e a integridade do voto.

Na precisa lição de Pinto Ferreira: "o sigilo do voto é o instrumento válido para garantir a lisura do processo eleitoral, evitando a intimidade e o suborno, a corrupção, e contribuindo para a realização de eleições honestas e limpas."[4]

O **voto é universal e periódico**. Vale dizer, é igual, garantido, sem exceção, aos eleitores de 18 a 70 anos, em caráter obrigatório, e aos eleitores entre 16 a 18 anos, maiores de 70 anos e analfabetos, em caráter facultativo, sem qualquer distinção entre tipos de eleitores. Além disso, por ser periódico, expres-

---

4. FERREIRA, Pinto. *Comentários à Constituição Brasileira*. vol. I. São Paulo: Saraiva, 1989. p. 299.

sa as regras de transitoriedade dos mandatos e da renovação periódica dos ocupantes de cargos eletivos, a cada período fixado na Carta Magna, mediante eleições.

II – Princípio do devido processo legal eleitoral

O contraditório e a ampla defesa são princípios constitucionais fundamentais que inspiram e orientam os processos administrativos, civis e penais, visando garantir os direitos à tutela jurisdicional adequada, com igualdade e paridade de armas entre as partes que nos procedimentos eleitorais devem ser observados com maior rigor.

III – Princípio da anualidade

Dispõe o art. 16, da Constituição Federal que: "A lei que alterar o processo eleitoral entrará em vigor na data de sua publicação, não se aplicando à eleição que ocorra até 1 (um) ano da data de sua vigência."

A regra de proibição do art. 16 da CF representa garantia individual do cidadão-eleitor, que tem o direito de receber, do Estado, o necessário grau de segurança e de certeza jurídica contra alterações abruptas das regras inerentes à disputa eleitoral.

Em outras palavras, o preceito constitucional em exame tem por objetivo cristalino coibir o "casuísmo eleitoral", através de **alterações introduzidas pelo Poder Legislativo no processo eleitoral, capazes de causar a ruptura da igualdade de participação e de competição** dos partidos e candidatos respectivos na disputa eleitoral, que acontecerem no período de um ano contado da data da vigência da lei eleitoral inovadora.

Portanto, **a regra da anulabilidade assegura a estabilidade do processo eleitoral no ano em que ocorrer às eleições, tutelando a isonomia e igualdade de chances dos partidos e dos candidatos, com proibição de mudança do**

processo eleitoral no mesmo ano em que iniciada a sua vigência.

IV – Princípio da moralidade eleitoral

A Constituição Federal, no seu art. 14, § 9º, estabelece casos de inelegibilidade e outorga à Lei Complementar a criação de novas hipóteses, a fim de proteger a probidade administrativa, a moralidade para o exercício do mandato considerada a vida pregressa do candidato, a normalidade e legitimidade das eleições contra abuso do poder econômico ou o abuso do exercício de função, cargo ou emprego na administração direta ou indireta.

Vê-se que, além de proteger a normalidade e legitimidade das eleições, o texto constitucional dispõe sobre a tutela da moralidade para o exercício do mandato considerada a vida pregressa e a probidade do candidato.

Nesse aspecto, o princípio da moralidade eleitoral exige que os candidatos possuam condições morais pregressas, tanto em sua vida pública como em sua vida privada.

Em outras palavras, qualquer cidadão que almeja a vida pública tem o dever de demonstrar que possui condições morais para o exercício do cargo que almeja.

Em razão desta exigência, a LC nº 64/90 define hipóteses de inelegibilidade para os que forem condenados, *v.g.*, por captação ilícita de sufrágio e abuso do poder econômico ou político no processo eleitoral, bem como os que tenham condenação pela prática de crime contra a fé pública, administração pública, patrimônio público, dentre outros.

2

DIREITOS POLÍTICOS

Marino Pazzaglini Filho

2.1 CONCEITO

De início, é preciso ressaltar que os direitos políticos estão inseridos nos direitos fundamentais como "direitos de primeira geração", que são também direitos civis ou individuais, na medida em que consistem no conjunto dos direitos atribuídos ao cidadão, que lhe permite a participação no processo político e na vida política do Estado.

Os **direitos políticos** se constituem nas **regras de participação do cidadão no processo político, a saber**:

- o direito de subscrever projeto de lei de iniciativa popular (art. 61, §2º, CF);
- o direito de organizar partidos políticos e de participar de atividades político-partidárias;
- o direito de ser votado.

As normas insertas na Carta Magna que dispõem sobre os direitos políticos, refletem a aplicabilidade do disposto no parágrafo único do artigo 1º da CF: "todo poder emana do povo, que o exerce por meio de representantes eleitos ou diretamente".

Em outras palavras, trata-se da concretude da soberania popular e da cidadania, possibilitando a participação do cidadão na escolha de seus representantes.

O capítulo IV, do título II, da Lei Maior disciplina os direitos políticos.

O núcleo central dos direitos políticos engloba **o direito de votar, denominado capacidade eleitoral ativa, e o direito de ser votado, denominado capacidade eleitoral passiva.**

Como bem anota Fávila Ribeiro:

> "O estatuto pessoal do cidadão – *status civitatis* – é bidimensional, abrangendo o direito de votar *ius suffragii* e o direito a ser investido em cargos públicos *ius honorum*. Os dois aspectos compõem a capacidade política do cidadão, de participar ativa e passivamente da atividade estatal."[1]

A **capacidade eleitoral ativa** conquista-se com o preenchimento dos seguintes requisitos:

- nacionalidade brasileira (brasileiro nato ou naturalizado);
- idade mínima de 16 anos (à data das eleições);
- alistamento eleitoral;
- exercício do direito de votar.

A capacidade eleitoral passiva, por sua vez, é adquirida mediante o preenchimento das condições de elegibilidade, previstas no artigo 14, § 3º, da CF, a saber:

- nacionalidade brasileira;
- pleno exercício dos direitos políticos;
- alistamento eleitoral;
- domicílio eleitoral na circunscrição eleitoral que pretende disputar as eleições;
- filiação partidária;
- idade mínima de:

---

1. RIBEIRO, Fávila. *Direito Eleitoral*. 1. ed. Rio de Janeiro: Forense, 1976. p. 183.

a) trinta e cinco anos para Presidente e Vice-Presidente da República e Senador;

b) trinta anos para Governador e Vice-Governador de Estado e do Distrito Federal;

c) vinte e um anos para Deputado Federal, Deputado Estadual ou Distrital, Prefeito e Vice-Prefeito;

d) dezoito anos para Vereador.

A capacidade jurídica do eleitor para concorrer a um mandato eletivo também depende da não incidência de nenhuma hipótese de inelegibilidade, que será analisada em momento oportuno.

2.2 PERDA OU SUSPENSÃO DOS DIREITOS POLÍTICOS

Muito embora os direitos políticos estejam constitucionalmente consagrados, em determinadas hipóteses pode haver a privação, temporária ou permanentemente.

Referidas privações se encontram disciplinadas na Constituição Federal e tem-se como *numerus clausus* as hipóteses ali contidas.

A taxatividade das hipóteses de perda dos direitos políticos se dá em virtude da natureza jurídica de restrição à capacidade eleitoral ativa e passiva, o que enseja situações objetivas, dotadas do mínimo de segurança e certeza jurídica, bem como diante da impossibilidade do Juiz eleitoral *substituir* o legislador, ampliando as hipóteses legais.

É neste sentido que o Ministro Luís Roberto Barroso, atual presidente do STF, assevera que

> "[...] qualquer restrição a direitos políticos, e especificadamente no que diz respeito à elegibilidade, deverá sempre ser interpretada de forma restrita"[2].

---

2. BARROSO, Luís Roberto. Direitos políticos, inelegibilidades e parentesco. Inteligência do art. 14, § 7º, da Constituição. *Revista Brasileira de Direito Eleitoral,* Fortaleza: ABC, v. 17, 2005, p. 55-96.

A **perda definitiva** dos direitos políticos decorre:

- do cancelamento da naturalização por sentença judicial transitada em julgado (arts. 15, I e 12, § 4º, I, da CF);
- da aquisição voluntária de outra nacionalidade (art. 12, § 4º, II, da CF);
- recusa de cumprir obrigação a todos impostas ou de satisfação de prestação alternativa (arts. 15, IV e 5º, VII, da CF).

A **suspensão ou privação temporária**, por sua vez, pode ser aplicada nas seguintes hipóteses:

- incapacidade civil absoluta (arts. 15, II, da CF e 3º do Código Civil);
- condenação criminal transitada em julgado, enquanto durarem os seus efeitos (art. 15, III, da CF);
- condenação irrecorrível em ação civil de improbidade administrativa à sanção de suspensão dos direitos políticos pelo prazo fixado na decisão judicial (arts. 15, V e 37, § 4º da CF).

A perda definitiva ou transitória dos direitos políticos subtrai do cidadão tanto a capacidade eleitoral passiva, o direito de ser votado, quanto a capacidade eleitoral ativa, o direito de votar. Na verdade, afasta o cidadão definitiva ou transitoriamente de participação no processo político.

3

AS ELEIÇÕES MUNICIPAIS

Marino Pazzaglini Filho

A autonomia política dos municípios brasileiros, consagrada na Constituição da República, assenta-se em dois atributos constitucionais: **poder de auto-organização**, substantivado em elaborar e votar a própria Lei orgânica, e **capacidade de autogoverno**, corporificada nas eleições do Prefeito, Vice-Prefeito e Vereadores.

A eleição do Prefeito e do Vice-Prefeito, para mandato de quatro anos, obedece ao **princípio majoritário,** sendo eleito o candidato a Prefeito que obtiver a maioria de votos, não computados os votos em branco e os votos nulos.

Nos municípios com mais de 200 mil eleitores, as eleições para Prefeito podem ocorrer em dois turnos quando, no primeiro turno, nenhum dos candidatos alcançar maioria absoluta. No **segundo turno** concorrem somente os dois candidatos mais votados no primeiro, sendo proclamado eleito aquele que obtiver a maioria dos votos válidos.

O **primeiro turno** será realizado em **6 de outubro** e o **segundo turno**, quando necessário, em **27 de outubro**.

A eleição do prefeito importará a do candidato a vice-prefeito com ele registrado.

Na composição das **Câmaras Municipais**, será observado o **limite máximo de vereadores**, fixados em norma constitucional (art. 29, IV da CF), proporcional à população do município, que será no mínimo de 9 e no máximo de 55 parlamentares.

A fixação do número de vereadores, até o limite máximo expresso na regra constitucional, é da competência da lei orgânica de cada município, devendo essa providência ser adotada pelo Poder Legislativo Municipal até o termo final das convenções partidárias.

A eleição para vereador obedecerá ao princípio da representação proporcional.

O Código Eleitoral estabelece regras de cálculo dos candidatos eleitos nos pleitos proporcionais.

O art. 108 do Código Eleitoral prevê que, entre os candidatos a vereador registrados por um partido, **estarão eleitos os que tenham obtido votos em número igual ou superior a 10% do quociente eleitoral, tantos quantos o respectivo quociente partidário indicar, na ordem de votação nominal que cada um tenha recebido.**

Determina-se o **quociente eleitoral** dividindo-se o número de votos válidos apurados pelo número de vagas a preencher, desprezando-se a fração se igual ou inferior a 0,5 (meio) e arredondando para 1 (um), se superior.

O **quociente partidário**, por sua vez, é determinado pela divisão do número de votos válidos dados sob o mesmo partido pelo quociente eleitoral, desprezada a fração.

Em síntese, denomina-se **representação proporcional** porque a proposta desse sistema é estabelecer uma correspondência, mais aproximada possível, entre a proporção de votos obtidos por um partido na eleição para Casa Legislativa e a proporção das cadeiras a ele atribuídas.

3.1 CALENDÁRIO ELEITORAL

As eleições municipais de 2024 serão realizadas, 1º turno, em 6 de outubro e, 2º turno, em 27 de outubro.

Nesse ponto, cumpre destacar as principais datas do Calendario Eleitoral.

Entre 20 de julho e 5 de agosto	Convenções municipais para escolha de candidatos e deliberação das coligações.
15 de agosto	Limite para o registro de candidatura, até 19 horas
16 de agosto	Início da propaganda eleitoral.
30 de agosto	Início da propaganda eleitoral em rádio e tv
4 de outubro	Ultimo dia para comicios, debate e propaganda eleitoral
5 de outubro	Ultimo dia para propaganda de rua e na internet.
6 de outubro	1º turno das eleições
27 de outubro	2º turno da eleições
19 de dezembro	Fim do prazo para diplomação dos eleitos.

4

O DIREITO DE CONCORRER ÀS ELEIÇÕES MUNICIPAIS

Marino Pazzaglini Filho

Através do exercício do sufrágio, o povo, juridicamente intitulado eleitorado, escolhe os governantes, dentro do universo dos eleitores, atribuindo-lhes **mandato político representativo**.

Eleitores são todos os brasileiros (natos e naturalizados), que, à data da eleição, tenham 16 anos de idade e estejam devidamente alistados. A partir daí passam a ostentar os atributos da Cidadania. E, com a fruição da Cidadania, o eleitor está habilitado a usufruir e a exercer direitos políticos.

Na lição do jurista Celso de Mello, eminente Ministro do Supremo Tribunal Federal:

> "Os direitos políticos conferem à pessoa os atributos da **cidadania**. Esta, enquanto capacidade eleitoral, projeta-se em duas dimensões: a) capacidade eleitoral **ativa** (aptidão de votar); e b) capacidade eleitoral **passiva** (aptidão de ser votado). A capacidade eleitoral ativa resume-se ao **direito de sufrágio** e a capacidade eleitoral passiva caracteriza-se pela **elegibilidade**".[1]

Em suma, o eleitor, titular da cidadania e, por conseguinte, titular do direito de sufrágio, é elegível, ou seja, está apto para postular, desde que indicado por partido político, mandato político no Executivo ou Legislativo das entidades da Federação.

1. FILHO, José Celso de Mello. *Constituição Federal Anotada*. 2. ed. Editora Saraiva, 1986. p. 149.

4.1 ELEGIBILIDADE

Elegibilidade é o direito de participar das eleições e ser votado.

Constitui direito público político subjetivo de qualquer cidadão (eleitor), que ostenta, de um lado, todas as condições legais de elegibilidade. E, de outro, que não incorra em causa de inelegibilidade estabelecida na Carta Magna ou em Lei Complementar Federal.

4.2 REQUISITOS DE ELEGIBILIDADE

O eleitor, para poder pleitear mandato eletivo, tem que preencher, preliminarmente, os requisitos constitucionais de elegibilidade, a saber:

- nacionalidade brasileira;
- pleno exercício dos direitos políticos;
- alistamento eleitoral;
- domicílio eleitoral na circunscrição eleitoral em que pretende disputar as eleições pelo prazo de pelo menos seis meses antes do pleito;
- filiação partidária, no mesmo prazo, salvo se o Estatuto Partidário fixar outra data;
- idade mínima: 21 anos para Prefeito e Vice-Prefeito; 18 anos para Vereador.

A idade mínima constitucionalmente exigida como condição de elegibilidade é verificada tendo por referência a data da posse, salvo quando fixada em 18 anos, hipótese em que será aferida no último dia para solicitar à Justiça Eleitoral o pedido de registro de candidatura.

Os cargos eletivos em disputa em 2024 são acessíveis a **brasileiros natos e naturalizados.**

Os brasileiros naturalizados são os que, na forma da lei, adquiriram a nacionalidade brasileira, exigindo-se dos originários de países de língua portuguesa, para sua naturalização, apenas residência por um ano ininterrupto e idoneidade moral.

Ao passo que, os demais estrangeiros podem requerer a nacionalidade brasileira depois de completarem 15 anos ininterruptos de residência no Brasil e desde que não ostentem condenação penal (art. 12, II, *b* da CF).

Positivadas as condições de elegibilidade, tem o eleitor o direito de postular o mandato. E esse direito somente deixará de existir perante a incidência de causa de inelegibilidade.

Através do alistamento eleitoral, as pessoas adquirem a capacidade de ser eleitor e, a partir da aquisição dessa capacidade eleitoral ativa, passam a reunir condições de elegibilidade, capacidade de ser eleito.

O alistamento é obrigatório para os brasileiros de ambos os sexos maiores de 18 anos de idade e facultativo para os analfabetos, os maiores de 70 anos e os maiores de 16 e menores de 18 anos (art. 14, § 1°, I e II da CF).

A norma constitucional dispõe que são inalistáveis os estrangeiros e os conscritos durante o serviço militar obrigatório (art. 14, § 2°), deixando estes de sê-lo caso venham se engajar no serviço militar permanente, quando deverão fazer o seu alistamento eleitoral.

Por ultimo, destacamos as causas de cancelamento do alistamento eleitoral:

- perda ou suspensão dos direitos políticos;
- falecimento do eleitor;
- deixar de votar em três eleições consecutivas, sem apresentação de justificativa ou pagamento da multa respectiva.

4.3 INELEGIBILIDADE

Elegibilidade é a regra, inelegibilidade é a exceção.

Inelegibilidade é o impedimento ou restrição legal, que obsta o eleitor, temporária ou definitivamente, de concorrer a qualquer ou a determinados cargos eletivos. Não impede o direito de votar, mas sim de se candidatar a mandato eletivo. E, portanto, de ser votado e eleito.

Em suma, a sanção de inelegibilidade restringe apenas a **capacidade eleitoral passiva** do eleitor inelegível, ou seja, o direito de se candidatar e eventualmente se eleger, permanecendo o inelegível em pleno gozo de seus direitos ativos de votar e de participação política, inclusive de exercer atividades partidárias.

Os casos de inelegibilidade são taxativos, ou seja, somente podem ser reconhecidos aqueles que tenham previsão expressa no texto constitucional (arts. 14 e 15) ou LC nº 64, de 18.5.90.

As inelegibilidades de ordem constitucional podem ser pleiteadas a qualquer momento, inclusive na esfera do recurso contra a diplomação.

4.3.1 Inelegibilidades constitucionais

A Constituição Federal considera inelegíveis:

- os inalistáveis e os analfabetos;
- os reeleitos para Chefia do Executivo para o período subsequente;
- o cônjuge e os parentes consanguíneos ou afins, até o segundo grau ou por adoção do prefeito ou de quem o haja substituído dentro dos 6 meses anteriores ao pleito, salvo se já seja titular de mandato eletivo e candidato à reeleição (art. 14, §7º da CF).

I - Inalistáveis

Não podem se alistar como eleitores:

- os menores de 16 anos (dezesseis) anos;
- os estrangeiros;
- os convocados para prestação do serviço militar obrigatório, durante o período da convocação, intitulados conscritos.

Além disso, **as pessoas privadas dos direitos políticos, seja de modo definitivo (perda dos direitos políticos), seja de modo temporário (suspensão dos direitos políticos), tornam-se inalistáveis.**

E, caso já sejam eleitores quando decretada a privação dos direitos políticos, deixam, ato contínuo, de ostentar a qualidade de eleitor, mediante cancelamento de sua inscrição eleitoral, nos casos assinalados no art. 15 da CF, a saber:

- cancelamento da naturalização por sentença transitada em julgado;
- incapacidade civil absoluta;
- condenação criminal transitada em julgado, enquanto durarem seus efeitos;
- recusa de cumprir obrigação a todos imposta ou prestação alternativa, nos termos do art. 5º, VIII da CF;[2]
- improbidade administrativa, nos termos do art. 37, § 4º CF.[3]

---

2. O inciso VIII do art. 5º da CF estabelece que: "ninguém será privado de direitos por motivo de crença religiosa ou de convicção filosófica ou política, salvo se as invocar para eximir-se de obrigação legal a todos imposta e recusar-se a cumprir prestação alternativa, fixada em lei".

3. O parágrafo 4º do art. 37 da CF dispõe que: "Os atos de improbidade administrativa importarão a suspensão dos direitos políticos, a perda da função pública,

A teor do ordenamento constitucional a perda dos direitos políticos só ocorre no primeiro caso elencado (inciso I). Nos demais, se dá a suspensão dos direitos políticos.

II – Analfabetos

O analfabeto é inelegível para qualquer cargo. Tem o direito de sufrágio, mas não tem o de ser votado.

Assim, a alfabetização é requisito constitucional absoluto de elegibilidade, sendo suficiente o comprovante de escolaridade para sua demonstração ou a carteira nacional de habilitação para dirigir.

Na ausência desse documento ou havendo dúvida quanto à sua idoneidade, o candidato deve fazer declaração de próprio punho na presença do Juiz Eleitoral ou de servidor do Cartório Eleitoral por aquele designado.

E persistindo a dúvida, o Juiz Eleitoral pode realizar teste, de forma individual e reservada, sem causar constrangimento ao candidato.

A Carteira Nacional de Habilitação – CNH gera presunção de escolaridade necessária ao deferimento do registro de candidatura.

III – Reeleição à chefia do Poder Executivo

A norma constitucional prescreve que **os Prefeitos**, bem assim quem os houver sucedido ou substituído no curso do mandato, **poderão ser eleitos para um único período subsequente (art. 14, §5º)**.

Assim, o chefe do Poder Executivo, após o exercício de dois mandatos consecutivos, não poderá ser candidato ao mesmo cargo na eleição imediatamente posterior. E para concorrer a

---

a indisponibilidade dos bens e o ressarcimento ao erário, na forma e gradação previstas em lei, sem prejuízo da ação penal cabível".

outro cargo eletivo deve renunciar ao respectivo mandato até seis meses antes do pleito.

O Vice-prefeito, que tenha substituído ou sucedido o titular não está impedido de concorrer ao cargo de Prefeito na eleição seguinte, desde que não o tenha substituído ou sucedido nos últimos seis meses anteriores ao pleito.

Anote-se que o exercício do cargo de forma interina e, sucessivamente, em razão de "mandato tampão", não constitui dois mandatos sucessivos, mas sim frações de um mesmo período de mandato.

IV – Inelegibilidade do cônjuge ou companheiro e de parente do Prefeito

O artigo 14, §7º, da CF, afirma que:

> "São inelegíveis, no território de jurisdição do titular, o cônjuge e os parentes consanguíneos ou afins, até o segundo grau ou por adoção, do Presidente da República, de Governador de Estado ou Território, do Distrito Federal, de Prefeito ou de quem os haja substituído dentro dos seis meses anteriores ao pleito, salvo se já titular de mandato eletivo e candidato à reeleição."

O preceito constitucional instituiu a inelegibilidade reflexa, cuja finalidade é a proibição do terceiro mandato pelo mesmo grupo familiar, evitando-se a perpetuação ou longevidade da mesma família no poder.

A teor do texto constitucional, é inelegível no município, o Prefeito para o mesmo cargo, no período subsequente, desde que esteja cumprindo segundo mandato (reeleição) ou, no exercício do primeiro mandato, não renuncie até seis meses antes do pleito:

- o cônjuge ou companheiro oriundo de casamento civil, união estável ou homoafetiva;

- os parentes consanguíneos até 2º grau (avós, pais, irmãos, filhos, netos);
- os parentes por afinidade até o 2º grau (ascendentes, descendentes e irmãos do cônjuge ou companheiro);
- parentes por adoção.

Assinale-se que a filiação qualquer que seja a origem (biológica, adotada, socioafetiva) constitui fonte de inelegibilidade reflexa, pois tem o condão de exercer influência, no pleito, contribuindo para a perpetuação no poder do mesmo segmento familiar.

Assim, filho de Prefeito reeleito não pode se candidatar no mesmo município na eleição subsequente.

Igualmente, a inelegibilidade do cônjuge e dos parentes por afinidade do Prefeito, no caso de divórcio e separação judicial, persiste até o fim do mandato eletivo no curso do qual ocorreu.

No entanto, o falecimento do cônjuge prefeito tem o condão de romper o vínculo matrimonial, nao havendo que se falar em inegibilidade reflexa do cônjuge sobrevivente.

Nesse item, cumpre mencionar a Súmula 6 do TSE:

> "São inelegíveis para o cargo de chefe do Executivo o cônjuge e os parentes, indicados no § 7º do art. 14 da CF, do titular do mandato, salvo se este, reelegível, tenha falecido, renunciado ou se afastado definitivamente do cargo até antes do pleito".

V – Condenação criminal irrecorrível

A teor da norma inserta no artigo 15, III, da CF, **as pessoas que sofrerem "condenação criminal" irrecorrível terão seus direitos políticos suspensos enquanto durarem as penas que lhes forem impostas, independente do crime e da pena e, consequentemente, são inelegíveis durante esse período de suspensão.**

A Constituição ao usar a expressão "condenação criminal", estendeu a suspensão dos direitos políticos a todos os decretos condenatórios criminais, e, desde que irrecorríveis, a qualquer que seja o crime praticado e a pena aplicada (reclusão, detenção, pecuniária ou restritiva de direitos), persistindo a inelegibilidade enquanto durar o cumprimento da pena. A pena restritiva de direitos substitutiva de privativa de liberdade não afasta a inelegibilidade, mantendo-se o candidato, durante o período de sua duração, sob os efeitos da condenação, portanto, inelegível.

Anote-se que durante o período do "sursis", suspensão condicional da pena, persiste a suspensão dos direitos políticos e a inelegibilidade daí de corrente. Porém, no curso da suspensão condicional do processo criminal, prevista no art. 89 da Lei nº 9.099/95, que dispõe sobre os crimes de menor potencial ofensivo, não há que falar em causa de inelegibilidade, pois, nesse caso, suspende-se o processo, enquanto naquele a pena imposta na sentença condenatória.

A condenação criminal, com trânsito em julgado, portanto, acarreta a suspensão dos direitos políticos do condenado, enquanto durarem seus efeitos (art. 15, III, da CF), ou seja, subtrai deste tanto a capacidade eleitoral passiva, o direito de ser votado, quanto a capacidade eleitoral ativa, o direito de votar. Impõe-se, por isso, a perda do mandato eletivo ou de cargo, emprego ou função pública que exercia o condenado.

As inelegibilidades constitucionais podem ser arguidas a qualquer tempo, ou seja, mesmo após a fase de impugnação de registro de candidatura.

5

INELEGIBILIDADES INFRACONSTITUCIONAIS

Marino Pazzaglini Filho

A LC nº64/90 instituiu dois tipos de inelegibilidade infraconstitucionais:

1) **originárias de sanções** com exceção da descrita no art. 1º, I, letra "a"(inalistáveis e analfabetos), que constitui inelegibilidade constitucional comentada no capítulo anterior;

2) **originárias do exercício do mandato, cargo ou função pública** (art.1º, II), que podem ser afastadas, por vontade do interessado em postular candidatura, mediante **desincompatibilização** da função pública que estiver exercendo no ano eleitoral.

As primeiras referem-se a condutas ilícitas, enquanto as segundas não têm a natureza de sanção e decorrem da condição peculiar do exercício de função pública no ano de eleições.

As inelegibilidades infraconstitucionais devem ser arguidas no momento da formalização do pedido de registro da candidatura, ressalvadas as alterações fáticas ou jurídicas supervenientes ao registro e que surgem até a data do pleito, que afastam a inegibilidade podem ser conhecidas até a data da diplomação.

5.1 CAUSAS ORIGINÁRIAS DE SANÇÕES

I – Condenação criminal transitada em julgado ou proferida por órgão judicial colegiado, desde a condenação até o transcurso de 8 anos após o cumprimento de pena, pelos crimes:

1. contra a economia popular, a fé pública, a administração pública e o patrimônio público;

2. contra o patrimônio privado, o sistema financeiro, o mercado de capitais e os previstos na lei que regula a falência;

3. contra o meio ambiente e a saúde pública;

4. eleitorais, para os quais a lei comine pena privativa de liberdade;

5. de abuso de autoridade, nos casos em que houver condenação à perda do cargo ou à inabilitação para o exercício de função pública;

6. de lavagem ou ocultação de bens, direitos e valores;

7. de tráfico de entorpecentes e drogas afins, racismo, tortura, terrorismo e hediondos;

8. de redução à condição análoga à de escravo;

9. contra a vida e a dignidade sexual; e

10. praticados por organização criminosa, quadrilha ou bando.

A LC nº 64/90 confere tratamento jurídico mais rigoroso a este elenco de crimes do que o estabelecido para todos demais delitos pela norma constitucional (arts.15, III), analisado no capítulo anterior, inclusive instituindo a denominada **inelegibilidade provisória**, que se configura quando o candidato tem contra si processo criminal em andamento, onde já há sentença condenatória por um destes delitos, confirmada ou originariamente proferida por orgão judicial colegiado.

Esta cláusula de inelegibilidade, ao contrário da constitucional, não se aplica aos crimes culposos, aos crimes definidos em lei como de menor potencial ofensivo e aos crimes de ação penal privada.

II – Perda do mandato de Prefeito e de Vice-Prefeito.

O prefeito e o vice-prefeito que perderem seus cargos eletivos por infração a Lei Orgânica Municipal ou ao Decreto Lei nº 201/67, que dispõe sobre os crimes de responsabilidade dos prefeitos, são inelegíveis para as eleições que se realizarem durante o período remanescente do mandato perdido e por mais 8 anos subsequentes ao seu término.

O Decreto Lei nº 201/67 trata no art. 1º dos crimes de responsabilidade dos Prefeitos Municipais e no art. 4º das infrações politicas administrativas por eles praticadas, sujeitas estas ao julgamento pela Câmara de Vereadores e sancionadas com a cassação do mandato.

III – Perda do mandato de Vereador

A perda do mandato do Vereador, antes do final da legislatura, poderá ocorrer nas hipóteses previstas na Lei Orgânica Municipal, que, geralmente, reproduz as causas de perda de mandato parlamentar inscritas na Lei Maior (art. 54 e 55).

A Câmara Municipal, positivada a sua ocorrência, poderá decretar a perda do mandato do Vereador infrator.

E, caso efetivada, torna o Edil inelegível para o período remanescente do mandato para o qual foi eleito e nos 8 anos subsequentes ao seu término.

IV – Condenação por abuso do poder econômico ou político pela Justiça Eleitoral.

Os condenados, em decisão transitada em julgado ou proferida por órgão colegiado, em processo eleitoral de apuração de abuso do poder econômico ou político, são inelegíveis, para qualquer cargo, na eleição na qual concorreram ou tenham sido diplomados, bem como para as que se realizarem nos 8 anos seguintes.

O **abuso de poder econômico** é a utilização excessiva ou desproporcional de recursos patrimoniais com o objetivo de angariar votos a favor de determinado candidato com gravidade suficiente para afetar o equilíbrio entre os candidatos e macular a legitimidade da disputa.

O **abuso do poder político** consiste no uso escuso, por parte do agente público, do cargo, emprego ou função pública (da máquina administrativa) em prol de candidato comprometendo a igualdade da disputa eleitoral.

O candidato favorecido, desde que participante ou conivente do ato abusivo, por ele também responde.

Em suma, o abuso de poder econômico ou político caracteriza-se quando o agente público, mediante desvio de sua condição funcional, compromete a paridade de armas entre os candidatos em benefício próprio ou de terceiro.

Para a configuração do ato abusivo é necessário que fique demonstrada a **gravidade das circunstâncias que o caracterizam** (LC 64/90, art.22 XVI).

Segundo a jurisprudência do TSE, o abuso do poder político ou de autoridade, nos termos art. 22, caput, da LC nº 64/90, caracteriza-se quando o agente público, valendo-se de sua condição funcional e em manifesto desvio de finalidade, compromete a igualdade e a legitimidade de disputa eleitoral em beneficio de sua candidatura ou de terceiro (Respe nº 40896, Rel. Min Edson Fachin, DJE, 6/8/2019).

A ação de investigação eleitoral – AIJE, que pode ser ajuizada até o momento da diplomação, é a sede própria para persecução de abuso de poder em processo eleitoral.[1]

1. A AIJE é o objeto do capítulo 20.

V – Indignidade ou incompatibilidade com o Oficialato

Os militares que forem declarados indignos do oficialato, ou com ele incompatíveis, são inelegíveis, pelo prazo de 8 (oito) anos.

O oficial das Forças Armadas e, por equiparação, da Polícia Militar do Estado ou do Distrito Federal, está sujeito, por decisão da Justiça Militar, a perda do posto e da patente por indignidade ou incompatibilidade.

Nos termos do art. 120 do Estatuto dos Militares (Lei nº 6.880/80), ficará sujeito à declaração de indignidade para o oficialato, ou de incompatibilidade com o mesmo, o oficial que:

I. for condenado, por tribunal civil ou militar, em sentença transitada em julgado, à pena restritiva de liberdade individual superior a 2 (dois) anos;

II. for condenado, em sentença transitada em julgado, por crimes para os quais o Código Penal Militar comina penas acessórias e por crimes previstos na legislação especial concernente à segurança do Estado;

III. incidir nos casos previstos em lei específica, que motivam o julgamento por Conselho de Justificação e neste for considerado culpado; e

IV. houver perdido a nacionalidade brasileira.

VI – Rejeição de contas relativas a exercício de cargo ou função pública por irregularidade insanável que configure ato doloso de improbidade administrativa, por decisão irrecorrível do órgão competente, salvo se esta houver sido suspensa ou anulada pelo Poder Judiciário.

A competência para julgamento das contas anuais ou de gestão apresentadas pelo Prefeito é da Câmara Municipal, nos termos do art. 31 da Magna Carta, tendo o parecer prévio do Tribunal de Contas caráter opinativo.

Na hipótese em que, por ocasião do registro de candidatura, a Câmara de Vereadores ainda não tenha decidido sobre a aprovação ou não das contas do Prefeito, não incide a inelegibilidade mesmo que o Tribunal de Contas tenha lançado parecer de desaprovação.

Ao passo que, no tocante às contas do Presidente da Câmara Municipal, o órgão competente para julgá-las é o Tribunal de Contas do Estado e, nas Capitais, dotadas de Corte de Contas, o Tribunal de Contas correspondente

Vale observar, porém, que a inelegibilidade pode resultar de rejeição de prestação de contas do Tribunal de Contas da União, do Estado ou do Município. Essa situação se configura quando este age no exercício de jurisdição própria e não como mero órgão auxiliar do Legislativo, como, por exemplo, na hipótese de aplicação irregular de verbas federais ou estaduais repassadas por convênio ao Município.

Esta cláusula de inelegibilidade, demanda, para sua incidência, a presença cumulativa dos seguintes requisitos:

1. **desaprovação de contas por irregularidade que constitua vício insanável;**
2. **vício insanável que configura ato doloso de improbidade administrativa;**
3. **irrecorribilidade da decisão proferida pelo órgão competente; e**
4. **inexistência de provimento que anule ou suspenda a inelegibilidade.**

No ponto, a jurisprudência do TSE é firme no sentido de que "*a inexistência de elementos, na decisão proferida pelas Cortes de Contas, que indiquem má-fé, enriquecimento ilícito e dano ao Erário elide o enquadramento dos vícios como insanáveis, bem como a configuração de ato doloso de*

***improbidade administrativa".* (AgRRO nº 060143657/GO, Rel. Admar Gonzaga. DJe 06/11/2018)**

Assinale-se que se o candidato, na data da formalização do pedido do registro, estiver amparado em liminar do Judiciário, que suspenda os efeitos da decisão de rejeição de suas contas, não há incidência dessa causa de inelegibilidade e deve ser deferida a candidatura, ainda que tal medida seja posteriormente cassada ou revogada.

Esta causa de inelegibilidade incide nas eleições que se realizarão nos 8 anos seguintes, contados a partir da data da decisão.

VII – Condenação por abuso do poder econômico ou político de servidores ou empregados da Administração Pública

Os servidores e empregados administração direta, indireta ou fundamental que forem condenados em decisão transitada em julgado ou proferida por órgão judicial colegiado pela prática de abuso do poder político ou econômico em benefício próprio ou de terceiros, são inelegíveis para o pleito no qual concorrem ou tenham sido diplomados, bem como para os que se realizarem nos 8 anos seguintes.

Esta cláusula de inelegibilidade tem o mesmo objeto da prevista no item IV: abuso de poder econômico ou político para fins eleitorais.

No entanto, o sujeito ativo, na cláusula de inelegibilidade em exame é somente o servidor ou o empregado da Administração Pública, enquanto naquela é qualquer pessoa, agente público ou não.

E tem aplicação mais ampla do que a do item IV, pois pode ser reconhecida pela Justiça Eleitoral em qualquer processo que não seja atinente a **AIJE** (v.g., ação de impugnação de mandato eletivo).

Nesta cláusula cabe também o enquadramento do Prefeito Municipal, uma vez que ocupa cargo na Administração Pública.

VIII – Direção, administração ou representação de estabelecimento de crédito, financiamento ou seguro em liquidação

A inelegibilidade atinge as pessoas que dirigiram, administraram ou representaram instituições financeiras, tais como bancos comerciais, sociedades de crédito, financiamento e investimento, seguradoras, nos doze meses anteriores à decretação de sua liquidação judicial ou extrajudicial. Essa inelegibilidade não tem prazo determinado de encerramento e somente termina quando ocorrer, por parte dos responsáveis pela liquidação, a exoneração de qualquer responsabilidade.

IX – Condenação por captação ilícita de sufrágio, gastos ilícitos de campanha e condutas vedadas

O legislador agrupou nessa cláusula de inelegibilidade diversos tipos de transgressões eleitorais previstas na Lei nº 9.504/1997 (Lei das Eleições): **captação ilícita de sufrágio** (art. 41-A); gastos ilícitos de recursos de campanha (art. 30-A) e condutas vedadas aos agentes públicos (art. 73), que serão examinados em capítulos específicos.

A inelegibilidade inscrita nesse inciso se estende pelo prazo de 8 anos a contar da eleição correspondente ao ilícito eleitoral.

X – Renúncia de má-fé de mandato ou cargo eletivo

O Prefeito e o Vereador que renunciarem a seus mandatos para evitarem sua cassação, desde o oferecimento de representação ou petição perante a Câmara Municipal, por infração da Lei Orgânica do Município capaz de autorizá-la, serão considerados inelegíveis para as eleições que se realizarem durante o período remanescente do mandato para o qual foram eleitos e nos 8 anos subsequentes ao término da legislatura.

Essa causa de inelegibilidade refere-se à renúncia de má-fé do Prefeito ou Vereador, ou seja, quando abdica do mandato, antes da instauração do processo para evitar sua perda ou cassação, com o intuito de impedir eventual inelegibilidade que poderia decorrer de uma futura condenação.

XI - Condenação à suspensão dos direitos políticos, em decisão transitada em julgado ou proferida por órgão judicial colegiado, por ato doloso de improbidade administrativa que importe lesão ao patrimônio público e em enriquecimento ilícito.

A Lei nº 8.429/1992, denominada Lei de Improbidade Administrativa - LIA, disciplinou os atos de improbidade administrativa em três categorias: atos que importam enriquecimento ilícito do agente público (art.9), atos que causam prejuízo efetivo ao Erário (art. 10) e atos que atentam contra os princípios da Administração Pública (art. 11). E cominou-lhes as seguintes sanções políticas, civis e administrativas: suspensão dos direitos políticos, perda da função pública, proibição de contratar com o Poder Público e receber benefícios fiscais e creditícios, multa civil, ressarcimento integral do dano e perda dos bens ou valores acrescidos ilicitamente ao patrimônio, que podem ser aplicadas isolada ou cumulativamente, de acordo com a gravidade do fato (art. 12).

Independentemente do ressarcimento integral do dano patrimonial e das sanções comuns, civis e administrativas, previstas na legislação específica, está o autor do ato de improbidade sujeito às sanções de perda de função pública, suspensão dos direitos políticos, pagamento de multa civil e proibição de contratar com o poder público ou receber benefícios ou incentivos fiscais ou creditícios específicos para cada um dos tipos de improbidade administrativa.

A inelegibilidade se estenderá desde a condenação ou trânsito em julgado até o transcurso do prazo de 8 anos após o cumprimento da pena, ou seja, após o curso do pra-

zo de suspensão dos direitos políticos sancionado na ação de improbidade administrativa.

XII – Exclusão do exercício da profissão por infração ético-profissional

Os que forem excluídos do exercício da profissão, por decisão sancionatória do órgão profissional competente, em decorrência de infração ético-profissional, passam a ser inelegíveis pelo prazo de 8 anos, salvo se o ato houver sido anulado ou suspenso pelo Poder Judiciário.

Em linhas gerais, infração ético-profissional é o atentado praticado pelo profissional contra os princípios éticos decorrentes de seus deveres de ofício tipificados na lei que regulamenta a sua profissão.

A competência para aplicá-la é da comissão ou tribunal de ética da entidade onde o profissional estiver inscrito. Assim, no caso do médico, a comissão de ética médica do Conselho Regional de Medicina, no caso do advogado o Tribunal de Ética da OAB/SP, OAB/RJ etc.

A sua aplicação deve se circunscrever a hipótese de excepcional gravidade de desvio de comportamento ético, tais como de inidoneidade moral para o exercício da profissão, de corrupção ou de locupletação às custas de clientes.

XIII – Desfazimento fraudulento de vínculo conjugal ou união estável

Os que forem condenados, em decisão transitada em julgado ou proferida por órgão judicial colegiado, em razão de terem desfeito ou simulado desfazer vínculo conjugal ou de união estável para evitar caracterização de inelegibilidade, tornam-se inelegíveis pelo prazo de 8 anos após a decisão que reconhecer a fraude.

XIV – Demissão do serviço público

Os servidores que forem demitidos do serviço público em decorrência de processo administrativo ou judicial, são inele-

gíveis, pelo prazo de 8 anos, contado da decisão, salvo se o ato houver sido suspenso ou anulado pelo Poder Judiciário.

A demissão alcançada por inelegibilidade é a decorrente de falta ou procedimento de natureza grave passível da denominada "demissão a bem do serviço público", tais como recebimento ou solicitação de propinas, comissões ou vantagens de qualquer espécie em razão de suas funções; lesão ao patrimônio público; exercício de advocacia administrativa; pratica de crime ou ato de improbidade administrativa.

XV – Condenação por doação eleitoral ilegal

As doações somente podem ser realizadas por pessoa física e estão limitadas a 10% dos rendimentos brutos por ela auferidos no ano anterior à eleição.

No entanto, os pagamentos efetuados por pessoa física em decorrência de honorários advocatícios e de contabilidade, relacionados à prestação de serviços em campanha eleitoral, bem como em processo judicial decorrente de defesa de candidato não serão considerados para aferição do limite de 10% e nem constitui doação de bens e serviços estimáveis em dinheiro.

Importa frisar que não basta doação acima do limite legal para a incidência da inelegibilidade.

É mister analisar se o valor em excesso compromete o equilíbrio e a lisura do pleito.

O prazo de inelegibilidade é de 8 anos a contar da eleição na qual foi realizada a doação ilegal.

XVI – Aposentadoria compulsória, perda do cargo ou exoneração de Magistrado e membro do Ministério Público, pelo prazo de 8 anos

Os magistrados e os membros do Ministério Público que forem aposentados compulsoriamente por decisão sancionatória, que tenham perdido o cargo por sentença ou que tenham pedido exoneração ou aposentadoria voluntária na pendência de processo administrativo disciplinar são inelegíveis, pelo prazo de 8 anos, após a decisão.

Por último, cumpre assinalar que a LC 64/90 previu, em caráter cautelar, o afastamento da inelegibilidade provisória decorrente de condenação proferida por órgão colegiado (art. 26-A).

5.2 CAUSAS ORIGINÁRIAS DO EXERCÍCIO DO MANDATO, CARGO OU FUNÇÃO PÚBLICA

As inelegibilidades infraconstitucionais, cujas causas têm origem no exercício de mandato, cargo ou função pública, consubstanciam **inelegibilidades inatas**, pois decorrem da condição peculiar do agente público consistente em exercer função pública no ano das eleições.

Portanto, tais inelegibilidades não estão atreladas a ilícitos eleitorais e não têm natureza da sanção como sói acontecer com as inelegibilidades cominadas, ou seja, derivadas de ilícito eleitoral, civil, penal ou administrativo, examinadas no item anterior.

Em geral, essas causas de inelegibilidades inatas podem ser afastadas, por vontade do agente público interessado em postular sua candidatura a Prefeito, Vice-Prefeito e Vereador, nas eleições de 2020, mediante desincompatibilização nos prazos previstos nos incisos IV e VII do art. 1º, II da LC 64/90.

5.3 DESINCOMPATIBILIZAÇÃO

A desincompatibilização objetiva coibir a interferência do exercício de cargos e funções na Administração Pública em favor da campanha política de determinado candidato com o fim de preservar a igualdade de oportunidades entre os que disputam as eleições e a lisura do pleito.

Assim **a desincompatibilização é o afastamento, definitivo ou temporário, do mandato, cargo ou função pública exercida por agente público que pretende ser candidato,**

dentro do prazo previsto na norma legal, calculado da data do pleito.

Como se **observa, a desincompatibilização é fato jurídico lícito, que ao talante do interessado, remove impedimento ao registro de sua candidatura.**

A **desincompatibilização é definitiva** quando o agente público, ao se desvincular do cargo ou mandato de que é titular para se candidatar, o vínculo preexistente com o ente público desaparece definitivamente, ou seja, não lhe é assegurado caso não seja eleito ou após o exercício do mandato o retorno à função pública que exercia.

Ao contrário, a **desincompatibilização é provisória** se a lei autoriza o retorno ao cargo que exercia antes de seu afastamento para concorrer às eleições quer sendo eleito, ao término do exercício do mandato, quer não sendo eleito, logo após o pleito que disputou.

As regras da desincompatibilização objetivam evitar a reprovável utilização ou influência do cargo ou da função no âmbito da circunscrição eleitoral em detrimento da isonomia dos candidatos e do equilíbrio do pleito.

A não desincompatibilização, por se tratar de inelegibilidade de índole infraconstitucional e preexistente ao registro da candidatura, deve ser arguida na **fase de impugnação do registro de candidatura**, sob pena de preclusão.

De se ver, que a declaração passada por autoridade administrativa municipal competente é documento hábil para comprovar o afastamento do servidor para fins de registro de candidatura, sendo que incumbe ao impugnante provar que a desincompatibilização não ocorreu no plano fático ou no prazo legal.

Cumpre ter presente que a desincompatibilização deve se dar de direito (formal) e também de fato. Assim, provando o candidato que procedeu a sua desincompatibilização no prazo legal, mas havendo contraprova idônea de que voltou ao exercício de fato de suas funções, embora sem reassumir formalmente o cargo, após o registro de sua candidatura, poderá essa circunstância superveniente ser objeto de recurso contra a expedição de diploma – RCED.

5.3.1 Prazos para desincompatibilização

I – Prefeito:

- o Prefeito poderá ser reeleito para um único período subsequente e não se exige, caso seja candidato à reeleição, sua desincompatibilização;

II – Vice-Prefeito:

- mesmo que tenha substituindo o Prefeito, a qualquer tempo do mandato, pode candidatar-se à reeleição sem a necessidade de desincompatibilização;
- na hipótese do Vice-Prefeito ter sucedido o Prefeito, independentemente da época da sucessão, não poderá candidatar-se, na eleição seguinte, ao mesmo cargo de Vice-Prefeito, posto que, ao ser guindado a chefia do Poder Executivo Municipal, cessou a sua condição anterior de vice;
- o Vice-Prefeito que tenha sucedido o titular, tornando-se Prefeito, poderá candidatar-se ao cargo deste no pleito seguinte. E, eleito, passa a exercer o segundo mandato. Logo, no pleito subsequente a este está impedido de concorrer à chefia do Executivo Municipal, sob pena de se caracterizar exercício de 3 mandatos consecutivos de Prefeito, o que é vedado pela Constituição Federal;

III – Vereador:

- O Vereador, candidato à reeleição a Prefeito ou a Vice-Prefeito, não precisa desincompatibilizar e se tiver substituído o Prefeito, no exercício da Presidência da Edilidade, nos seis meses anteriores ao pleito, há necessidade de desincompatibilização na hipótese de postular o cargo de chefe do Executivo Municipal.

IV – Demais agentes públicos:

Quanto aos agentes públicos que pretendem se candidatar, como regra, incide o prazo geral de desincompatibilização previsto na LC 64/90, ou seja, quatro meses anteriores do pleito para os que irão concorrer a Prefeito e Vice-Prefeito e seis meses a Vereador.

Nessa situação, por exemplo, se enquadram:

- secretários de estado e da administração municipal ou ocupantes de cargo equivalentes;
- presidentes, diretores e superintendentes de autarquias, empresas públicas, sociedades de economia mista e fundações públicas no município;

A desincompatibilização, nestes casos, é definitiva.

No tocante aos servidores públicos, a norma eleitoral estabelece o seguinte regramento:

a) servidores públicos estatutários ou não, da Administração direta ou indireta da União, do Distrito Federal, dos Estados e dos Municípios – **desincompatibilização temporária**, remunerada (vencimentos integrais) três meses antes do pleito, mediante afastamento;

b) servidores públicos federais, distritais, estaduais ou municipais ocupantes de cargos em comissão em geral – desincompatibilização definitiva, sem remuneração, no mesmo prazo de 3 meses anteriores às eleições, mediante exoneração. Ainda, nesse aspecto, cumpre citar a súmula 54 do TSE do seguinte teor:

A desincompatibilização de servidor público que possui cargo em comissão é de três meses antes do pleito e pressupõe a exoneração do cargo comissionado, não apenas seu afastamento de fato.

6

FIDELIDADE PARTIDÁRIA

Maria Fernanda P. Toledo Waissman

A candidatura de eleitor a qualquer cargo eletivo, executivo ou parlamentar, depende de sua prévia filiação a partido político, que constitui condição de elegibilidade expressa na Constituição Federal (art. 14, § 3º, V), e de sua escolha em convenção partidária.

Por outras palavras, não há, no sistema eleitoral brasileiro, a possibilidade de **candidaturas avulsas** para disputar eleições. É ***conditio sine qua non*** para os eleitores concorrerem a pleitos federais, distritais, estaduais e municipais, **a escolha ou indicação pelo partido no qual se encontra filiado.**

Em suma, o eleitor, **sem vínculo e intermediação partidária, não tem condição constitucional de postular mandato eletivo.**

Assim, a representação do povo – fonte primária do poder na democracia representativa – se torna realidade através da eleição periódica, majoritária e proporcional, de seus representantes, que, filiados a partido político, são por ele selecionados para disputá-la sob a chancela ou patrocínio da agremiação partidária.

O partido político tem legitimidade para pleitear, perante a Justiça Eleitoral, a decretação da perda de cargo eletivo em decorrência de desfiliação partidária sem justa causa.

Isso porque a injustificável transferência do candidato eleito para o Parlamento por um partido para outra agremiação afronta os próprios postulados do sistema eleitoral proporcional, pois frustra a vontade do eleitor e, em consequência, a soberania popular.

Ademais, as características do sistema proporcional, com sua ênfase nos votos obtidos pelos partidos, tornam a fidelidade partidária importante para garantir que as opções políticas feitas pelo eleitor no momento da eleição sejam minimamente preservadas, o que legitima a perda do mandato do candidato que abandona a legenda pela qual se elegeu.

A Lei Orgânica dos Partidos Políticos no art. 22-A, prescreve que perderá o mandato o detentor de cargo eletivo que se desfiliar, sem justa causa, do partido pelo qual foi eleito. Mas considera justa causa para a desfiliação partidária as seguintes hipóteses:

> I. mudança substancial ou desvio reiterado do programa partidário;
>
> II. grave discriminação política pessoal; e
>
> III. mudança de partido efetuada durante o período de trinta dias que antecede o prazo de filiação exigido em lei para concorrer à eleição majoritária ou proporcional ao término de mandato vigente.

O último item trata da **Janela Partidária,** que é o período de 30 dias em que os ocupantes de cargos eletivos, em pleitos proporcionais, podem trocar de partido sem o risco de perder o mandato, conforme permite o art. 22-A, da Lei nº 9.096/95.

Nas eleições municipais de 2024, a troca de legenda poderá acontecer de 7 de março a 5 de abril, data final do prazo de filiação exigido em lei para quem pretende concorrer às Eleições Municipais de 2024. Destaca-se que a regra é válida somente para candidatas e candidatos eleitos em pleitos proporcionais.

Dia 06 de abril – 6 meses antes do pleito – encerra-se o prazo de filiação partidária para concorrer às eleições de 2024 e também é a data limite para que os concorrentes estejam com seus domicílios eleitorais na circunscrição em em que pretendem disputar o cargo.

7

ESCOLHA E REGISTRO DE CANDIDATOS A PREFEITO E VEREADOR

Marino Pazzaglini Filho

O eleitor, filiado a partido político, atendidos os pressupostos constitucionais de elegibilidade e ausentes, ou removidas, eventuais causas de inelegibilidade, tem capacidade política para ser candidato e postular sua candidatura junto ao partido político em que está filiado, na circunscrição da realização das eleições municipais.

A matéria é disciplinada pela Lei nº 9.504/97, Lei das Eleições e regulamentada pela Resolução TSE nº 23.609/2019.

7.1 CONVENÇÕES PARTIDÁRIAS

As convenções dos partidos políticos destinadas à escolha dos candidatos a Prefeito, a Vice-Prefeito e a Vereador e deliberar sobre a formação de coligações à eleição majoritária, deverão ser realizadas no período de **20 de julho a 05 de agosto**.

A convenção partidária, pois, é o ato formal em que os partidos homologam os candidatos e as coligações que irão disputar aseleições.

Assinalamos que somente os partidos que tenham registrado seu estatuto no Tribunal Superior Eleitoral até 6 meses antes da data do pleito e tenham, até a data da convenção, órgão de direção constituído no Município, anotado no Tribunal Regional Eleitoral competente, poderão participar das eleições.

Os partidos, para a realização das convenções, poderão usar gratuitamente prédios públicos, responsabilizando-se por danos causados com a realização do evento. Para tanto devem comunicar por escrito ao responsável pelo local, com antecedência mínima de uma semana e, na hipótese de coincidência de data **comunicada por outro partido**, será observada a ordem de protocolo das comunicações.

A **Coligação** é o procedimento político utilizado no processo eleitoral para a composição de alianças partidárias, objetivando a participação na eleição majoritária em condições de maior competitividade, com a escolha conjunta de uma mesma candidatura à chefia do Poder Executivo.

Assinale-se que dois ou mais partidos políticos também poderão reunir-se em Federação, instituída pela Lei nº 14.208/2021, observando as seguintes regras:

- **os partidos reunidos em Federação deverão permanecer a ela filiados por, no mínimo 4 anos e**
- **a Federação terá abrangência nacional e poderá ser constituída até a data final do período de realização das convenções partidárias.**

As coligações não composta por federação de partidos, tem caráter temporário e é restrita ao pleito para o qual foi constituída.

As agremiações partidárias que compõem a coligação simples somente readquirem competência para atuar por conta própria após a realização das eleições.

O candidato a Prefeito, bem como o respectivo Vice, concorrerá com o número identificador do partido político em que o primeiro estiver filiado.

Os candidatos a Vereador concorrerão com o número identificador de sua agremiação partidária, acrescido de três algarismos à direita.

A identificação numérica será determinada por sorteio, ressalvando-se o direito de preferência dos candidatos que concorrerem à Vereança pelo mesmo partido a manter os números que lhes foram atribuídos na eleição anterior, bem assim os atuais Vereadores, que, no entanto, poderão requer a conferência de outro número.

7.2 REGISTRO DE CANDIDATOS A PREFEITO E A VEREADOR

Os partidos políticos e as coligações deverão requerer o pedido de registro de seus candidatos às eleições municipais até as 19 horas do dia 15 de agosto.

Os candidatos escolhidos em convenção, caso os partidos políticos ou as coligações não tenham requerido seus registros tempestivamente, poderão requerê-lo observado o prazo máximo de quarenta e oito horas seguintes à publicação da lista dos candidatos pela Justiça Eleitoral.

Cada partido poderá registrar candidatos à Câmara Municipal no total até 100% do número de lugares a preencher mais 1 (um).

Assinale-se que cada partido ou coligação preencherá o minimo de 30% e o máximo de 70% para candidatura de cada sexo.

O incentivo à presença feminina na política constitui ação afirmativa legítima e necessária, que tem por objetivo relevante promover e integrar as mulheres na vida política-partidária, dando-lhes a oportunidade de se candidatarem, de modo a garantir o pleno cumprimento ao princípio da igualdade de gênero.

A idade mínima de 21 anos para Prefeito e Vice-prefeito é verificada tendo por referência a data da posse, sendo que a mínima de 18 anos, será aferida no **dia 26 de setembro**.

Na hipótese de o partido ou coligação não requerer o registro de seus candidatos, estes poderão fazê-lo, observado o prazo máximo de 48 horas seguintes à publicação da lista dos candidatos pelo Juízo Eleitoral competente.

7.3 PEDIDO DE REGISTRO. DOCUMENTOS NECESSÁRIOS

No período de 5 de julho (data limite para o registro de candidaturas) a 19 de dezembro (fim do prazo para a diplomação dos eleitos), nos processos de registro de candidatura as intimações dirigidas a partido, federações, coligações, candidatas e candidatos serão realizadas pelo mural eletrônico, fixando o termo inicial do prazo de data de publicação. Das intimações deve constar a identificação das partes e do processo e, quando constituídos, dos advogados.

A intimação pessoal do MPE será feita exclusivamente por meio de expediente no Processo Judicial Eletrônico (Pje), o qual marcará a assinatura automática e imediata do prazo processual.

O pedido de registro será elaborado no **CANDex** disponível nos sítios eletrônicos dos Tribunais Eleitorais, formatado pelos partidos, coligações partidárias em meio magnético, acompanhado das vias impressas dos formulários respectivos:

- **Demonstrativo de Regularidade de Atos Partidários (DRAP)**, relativo à convenção que indicou os candidatos, listagem de nomes e cargos pleiteados; e
- **Requerimento de Registro de Candidatura (RRC)**, que trata do pedido individualizado por candidato, com documentos demonstrativos de sua identificação eleitoral e elegibilidade, emitidos automaticamente pelo sistema e assinados pelos requerentes, além do texto e cópia da ata da convenção partidária.

O formulário do **Demonstrativo de Regularidade de Atos Partidários (DRAP)** deve ser preenchido com as informações constantes do art. 23 da Resolução 23.609.

O **Requerimento de Registro de Candidatura (RRC)**, por sua vez, com as constantes do art. 24 e com os documentos (anexados ao **CANDex)** relacionados no art. 27 da mesma Resolução.

Quanto aos requisitos legais referentes à **filiação partidária**, ao **domicílio eleitoral**, à **quitação eleitoral** e à **inexistência de crimes eleitorais** serão aferidos com base nos dados constantes dos bancos de dado da Justiça Eleitoral, sendo dispensada a apresentação de documentos comprobatórios pelos requerentes.

Sobre os documentos que não constam do banco de dados da Justiça Eleitoral cumpre tecer as considerações que se seguem.

7.3.1 Relação atual de bens

É suficiente a mera nomeação dos bens que compõem o patrimônio do Candidato, dispensável a atualização dos valores ou a indicação de mutações patrimoniais atualizadas

7.3.2 Fotografia recente do candidato

O Candidato tem que instruir o requerimento de registro com sua fotografia recente inclusive com a do candidato a vice, observando o seguinte:

a) dimensões: 161 x 225 pixels (LxA), sem moldura;

b) profundidade de cor: 24bpp;

c) colorida, com cor de fundo uniforme;

d) características: frontal (busto), com trajes adequados para fotografia oficial, assegurada a utilização de indumentária e pintura corporal étnicas ou religiosas, bem como de acessórios necessários à pessoa com deficiência, vedada a utilização de elementos cênicos e de outros adornos, especialmente os que tenham conotação de propaganda eleitoral ou que dificultem o reconhecimento do candidato pelo eleitor.

7.3.3 Certidões criminais

Devem ser anexadas certidões criminais fornecidas:

1) pela Justiça Federal de 1º e 2º graus correspondente ao domicílio eleitoral do Candidato;

2) pela Justiça Estadual de 1º e 2º graus onde o Candidato tenha o seu domicílio eleitoral; e

3) pelos tribunais competentes quando os candidatos gozarem de foro especial.

Quando as certidões criminais forem positivas, o **RRC** também deverá ser instruído com as respectivas certidões de objeto e pé atualizadas de cada um dos processos indicados.

7.3.4 Prova de alfabetização

A ausência de documento idôneo sobre a escolaridade do Candidato pode ser suprida por declaração do próprio punho, preenchida por este,em ambiente individual e reservado, na presença de servidor do cartório eleitoral.

7.3.5 Prova de desincompatibilização

Quando for o caso de desincompatibilização do Candidato, ou seja, do afastamento temporário ou definitivo do cargo ou função que exercia no âmbito da Administração Pública, deve o agente público, que pretende concorrer ao mandato de Prefeito ou Vereador, instruir o requerimento de registro com certidão ou declaração expedida pelo órgão ou entidade no qual exercia ou exerce suas funções, demonstrando que ele se afastou tempestivamente.

7.3.6 Relação de propostas de governo

O candidato a Prefeito deve instruir o registro de sua candidatura com o rol das propostas governamentais defendidas pelo Candidato, em uma via impressa e outra digitalizada e anexada ao **CANDex.**

7.4 FILIAÇÃO PARTIDÁRIA

Todo o cidadão tem o direito de se filiar a partido político, regularmente constituído, sem discriminação, podendo somente ser privado desse direito, com o indeferimento da filiação partidária, quando não preencher requisitos estatutários, políticos ou ideológicos definidos pelo partido.

Para concorrer às eleições, o Candidato deverá e estar com a filiação deferida pelo partido no prazo de 6 meses antes do pleito.

A condição de prévia filiação partidária não é exigível dos militares da ativa, bastando o pedido de registro da candidatura, depois de sua escolha em convenção partidária.

Os militares da reserva remunerada, porém, seguem a regra geral, com exceção daqueles que passaram a inatividade, após o prazo de um ano para filiação partidária, mas antes da convenção, desde que tenham se filiado ao partido no prazo de 48 horas após se tornarem inativos.

Os membros do Ministério Público, que ingressaram na Instituição antes da Constituição de 1988 e optaram pelo regime constitucional anterior de garantias e vantagens, estão dispensados de filiação partidária.

Os demais membros do Ministério Público, como também da Magistratura e dos Tribunais de Contas, para se candidatar a cargo eletivo estão somente dispensados de cumprir o prazo de filiação partidária, mas, para o deferimento do registro de suas candidaturas, devem estar filiados a partido político e afastados definitivamente de suas funções até 6 meses antes do pleito.

No caso de duplicidade de filiação partidária, prevalecerá a mais recente, devendo a Justiça Eleitoral determinar o cancelamento das demais.

7.5 DOMICÍLIO ELEITORAL

A prova básica do domicílio eleitoral é a cópia do título eleitoral ou a certidão emitida pelo Cartório Eleitoral, atestando que o Candidato é eleitor no Município ou que requereu sua inscrição ou transferência, antes de 6 meses das eleições, para a circunscrição do pleito na qual pretende se candidatar.

Impõe-se observar que o conceito de domicílio eleitoral não coincide, necessariamente, com o de domicílio civil posto que aquele, mais flexível e elástico, identifica-se com a residência e o lugar onde o interessado tem vínculos políticos, sociais, patrimoniais, negociais.

Assim, o "ânimo definitivo", que caracteriza o domicílio civil, peculiar do direito civil (art. 70 do Código Civil), não integra o conceito de domicílio eleitoral. Basta a existência de vínculo pessoal, por exemplo, laços (profissional, familiar, comunitário, político) com o Município, ainda que se resuma em eventual residência na localidade.

7.6 QUITAÇÃO ELEITORAL

O conceito de "quitação eleitoral" compreende a plenitude do gozo dos direitos políticos, o regular exercício do voto, o atendimento a convocações da Justiça Eleitoral para auxiliar os trabalhos relativos ao pleito, a inexistência de multas aplicadas, em caráter definitivo, pela Justiça Eleitoral e não remetidas, e a apresentação de prestação de contas de campanha eleitoral.

O pagamento de multa eleitoral pelo Candidato até a data da formalização do pedido de registro de candidatura ou a comprovação do cumprimento regular de seu parcelamento após o pedido de registro, mas antes do julgamento respectivo, afasta a ausência de quitação eleitoral.

Anote-se que, para a obtenção de quitação eleitoral, é suficiente demonstrar que foram apresentadas as contas de campanha.

Entretanto, apesar de tempestivamente apresentadas, consideram-se não prestadas quando sua desaprovação ocorrer por falhas que comprometam a sua regularidades, causando, por isso, ausência de quitação eleitoral.

7.7 NOME ELEITORAL DO CANDIDATO

No pedido de registro, cumpre ao Candidato indicar o seu nome eleitoral, ou seja, o nome que constará da urna eletrônica.

Segundo a Lei das Eleições e sua regulamentação, o nome indicado terá no máximo 30 caracteres, incluindo-se o espaço entre os nomes podendo ser o prenome, sobrenome, cognome, nome abreviado, apelido ou nome pelo qual o Candidato é mais conhecido, **desde que não se estabeleça dúvida quanto à sua identidade**, não atente contra o pudor e não seja ridículo ou irreverente.

Na ocorrência de homonímia, identidade de nomes entre os candidatos, a Justiça Eleitoral deferirá seu uso ao Candidato que é o conhecido pela opção de nome indicado no pedido de registro.

E, na hipótese da dúvida persistir, a Justiça Eleitoral poderá exigir do candidato prova de que realmente é conhecido pela opção de nome indicado no pedido de registro.

7.8 NÚMERO DO CANDIDATO

Na eleição majoritária, os candidatos ao cargo de Prefeito concorrerão com o número de identificação da agremiação política à qual estão filiados, mesmo no caso de coligação.

Na eleição proporcional, os candidatos ao cargo de Vereador concorrerão com o número do seu partido, acrescido de três algarismos à direita.

Aos partidos políticos é assegurado o direito de manter os números atribuídos à sua legenda na eleição anterior. E, aos candidatos, nessa hipótese, o direito de manter os números que lhes foram atribuídos na eleição anterior, para o mesmo cargo, ou requer novo número.

7.9 PROCESSAMENTO DO PEDIDO DE REGISTRO

Após a autuação dos pedidos de registro de candidaturas a Prefeito, Vice-Prefeito e Vereador, o cartório eleitoral providenciará a publicação da lista de candidatos, para ciência dos interessados.

Encerrado o prazo de impugnação ou, se for o caso, o de contestação, o cartório eleitoral imediatamente informará, nos autos, sobre a instrução do processo para a apreciação do Juiz Eleitoral.

Havendo qualquer falha ou omissão no pedido de registro que possa ser suprida pelo Candidato, partido político ou coligação, a Justiça Eleitoral converterá o julgamento em diligência, para que o vício seja sanado no prazo de 3 dias, contados da respectivaintimação.

O Juiz Eleitoral, após decidir sobre os pedidos de registro, inclusive os impugnados, determinará a publicação, na imprensa oficial, nas capitais, e no cartório eleitoral, nas demais localidades, a relação dos nomes dos candidatos e respectivos números com os quais concorrerão nas eleições.

Assinale-se que até 20 dias antes das eleições, todos os pedidos de registros de candidatos, inclusive os impugnados e os recursos respectivos, devem ser julgados pelas instâncias ordinárias e publicadas as decisões a eles relativas.

7.10 AÇÃO DE IMPUGNAÇÃO AO PEDIDO DE REGISTRO DE CANDIDATURA - AIRC

A propositura de ação eleitoral de impugnação ao pedido de registro de candidatura - AIRC tem por objetivo impedir o registro da candidatura do impugnado por não ostentar uma ou mais condições de elegibilidade ou por existência de alguma causa de inelegibilidade.

Reiteramos que as condições de elegibilidade e as causas de inelegibilidade devem ser aferidas no momento da formalização do pedido de registro da candidatura, ressalvadas as alterações, fáticas ou jurídicas, supervenientes ao registro.

Assim, fato posterior ao pedido de registro de candidatura, que tem capacidade de tornar elegível quem, à época do pedido, não possuía condição de elegibilidade, faz cessar a inelegibilidade reconhecida, tais como acórdão que anula decisão do Tribunal de Contas que rejeitou as contas do Candidato por vício insanável e procedência de revisão criminal absolvendo o Candidato que, ao tempo do registro, estava sob os efeitos de condenação criminal transitada em julgado.

As condições de elegibilidade e as causas de inelegibilidade devem ser aferidas a cada eleição. O reconhecimento ou não de determinada hipótese de inelegibilidade para uma eleição não configura coisa julgada para as próximas eleições.

7.10.1 Procedimento e efeitos

O procedimento de impugnação ao pedido de registro de candidato a Prefeito, Vice-Prefeito ou Vereador está disciplinado na LC nº 64/90 (arts. 3º a 15).

Cabe a qualquer candidata ou candidato, partido político, federação, coligação ou ao MPE, no prazo de 5 dias, contado da publicação do edital relativo aos pedidos de registro, impugná-los em petição fundamentada.

A impugnação, a não ser a formulada pelo MPE, exige representação processual por advogado devidamente constituído.

A impugnação tem por objetivo o indeferimento do registro por falta de condição de elegibilidade, incidência de inelegibilidade, inclusive por ausência de desincompatibilização no prazo legal ou por falta de observância das condições formais para seu deferimento prescritas na Lei das Eleições e nas instruções da Justiça Eleitoral.

O prazo para os legitimados ajuizarem, perante a Justiça Eleitoral, a ação de impugnação é de **5 dias**, contados da publicação do edital relativo a relação nominal dos registros de candidatura.

A impugnação deve ser feita em petição fundamentada, na qual o impugnante especificará os meios de prova que podem demonstrar a veracidade do alegado, arrolando, se for o caso, testemunhas no máximo de seis.

Além disso, qualquer Cidadão, no gozo de seus direitos políticos, poderá, no curso desse quinquídio, mediante também petição fundamentada, dar notícia de inelegibilidade, que será juntada aos autos do pedido de registro respectivo.

A partir da data do encerramento do prazo para impugnação, passará a correr, depois da devida notificação, o prazo de **7 dias** para que, o candidato, o Partido ou a Coligação, possa contestar a impugnação (ou se manifestar sobre a notícia da inelegibilidade), apresentando as provas documentais, arrolando testemunhas (no máximo de seis) e requerendo coleta de documentos que se encontrem em poder de terceiro.

Os prazos referentes ao processo de registro de candidatos são peremptórios, contínuos, correndo em cartório e não se suspenderão aos sábados, domingos e feriados, durante o período eleitoral.

Decorrido o prazo para a contestação, em se tratando apenas de matéria de direito ou sendo de direito e de fato, e não houver necessidade de produzir prova em audiência, pode se dar o julgamento antecipado da lide, proferindo o Juiz Eleitoral a decisão.

Nos processos de registro de candidatura, o Juiz Eleitoral pode conhecer de ofício de existência de causa de inelegibilidade ou da ausência de condição de ilegibilidade, desde que resguardados o contraditório e a ampla defesa (Súmula 45 do TSE).

A decisão é recorrível por meio de recurso ordinário para o Tribunal Regional Eleitoral.

Salienta-se que o partido que não impugnou o registro não tem legitimidade para recorrer da sentença que o deferiu, salvo se cuidar de matéria constitucional (Súmula TSE 11).

Na hipótese contrária, o Juiz Eleitoral designará os **4 dias** seguintes para inquirição das testemunhas do impugnante e impugnado, as quais comparecerão por iniciativa das partes que as tiverem arrolado e serão ouvidas em uma só assentada.

Encerrado a fase probatória, as partes, inclusive o Ministério Público Eleitoral, poderão apresentar alegações finais no prazo comum de **5 dias**, sendo os autos conclusos ao Juiz Eleitoral, no dia imediato, para proferir sentença.

O pedido de registro, com ou sem impugnação, será julgado no prazo de **3 dias** após a conclusão dos autos ao Juiz Eleitoral. E a decisão será publicada no mural eletrônico, passando a correr deste momento o prazo de **3 dias** para a interposição de recurso para o Tribunal Regional Eleitoral.

O pedido de registro de candidato a Prefeito e do seu Vice serão julgados individualmente, na mesma ocasião, sendo que o resultado do julgamento do Prefeito deve ser certificado no processo do Vice, bem como deste no processo do Prefeito.

A declaração de inelegibilidade do candidato a Prefeito não atingirá o candidato a Vice, assim como deste não atingirá aquele.

O Candidato que tiver o seu registro indeferido poderá recorrer da decisão e, enquanto não acontecer o trânsito em julgado da decisão, poderá efetuar todos os atos relativos à campanha eleitoral, inclusive utilizar o horário eleitoral gratuito no rádio e na televisão, e ter o seu nome mantido na urna eletrônica enquanto estiver *sub judice*, ficando a validade dos votos a ele atribuídos condicionada ao deferimento de seu registro por instância superior.

O prosseguimento da campanha eleitoral é autorizado pela Justiça Eleitoral para evitar dano irreparável, porém por conta e risco do candidato ou do partido político que não promoveu a sua substituição.

Na eleição majoritária, cassado o registro após o pleito, tal como na cassação do diploma e na perda do mandato do Prefeito, acarreta, após seu trânsito em julgado, a realização de novas eleições, independentemente do número de votos anulados, sendo indireta na hipótese de a vacância do cargo ocorrer a menos de 6 meses do final do mandato, e direta, nos demais casos.

Ao passo que, na eleição proporcional, os votos recebidos por candidato a Vereador, se a decisão que lhe negou o registro, ou que o cancelou, tiver sido proferida após a realização da eleição, são direcionados à legenda partidária.

Entretanto, se, no momento da eleição, estiver o Candidato a cargo legislativo com seu registro de candidatura indeferido ou cassado, mas *sub judice*, vindo a ser confirmado o indeferimento ou cassação posteriormente ao pleito, em grau de recurso, os votos serão nulos para todos os efeitos. A mera pendência de recurso contra a decisão não assegura ao Candidato nem ao partido a contagem dos votos para qualquer efeito.

7.11 SUBSTITUIÇÃO DE CANDIDATOS

A lei eleitoral faculta ao partido, federação ou coligação, que requereu o registro, fazer a substituição de Candidato que tiver seu registro indeferido, inclusive por inelegibilidade, cancelado ou cassado e ainda nos casos de renúncia ou falecimento, após o termo final do prazo de registro.

A escolha do Candidato substituto deve ser feita na forma estabelecida no estatuto do partido a que pertencer o Candidato substituído.

Na eleição majoritária, se o Candidato a ser substituído for de Coligação, a substituição deverá ser feita por decisão da maioria absoluta dos órgãos executivos de direção dos partidos políticos coligados, podendo o substituto ser filiado a qualquer partido dela integrante, desde que o partido político ao qual pertencia o substituído renuncie ao direito de preferência.

A substituição de Candidato a prefeito e vereador somente será efetivada se o novo pedido for apresentado até 20 dias antes do pleito, ou seja, até 3 de setembro, exceto no caso de falecimento do candidato, quando a substituição poderá ser efetivada após o término deste prazo.

O novo registro deverá ser requerido, pelo partido a que pertencer o Candidato substituído, até **10 dias** contados do fato ou da notificação do partido referente à decisão judicial que deu origem à substituição.

Se acontecer a substituição após a geração das tabelas para elaboração da lista de candidatos e preparação das urnas, o substituto concorrerá com o nome, o número e, na urna eletrônica, com a fotografia do substituído, computando-se àquele os votos a este atribuídos.

Não será admitido o pedido de substituição de candidatos, quando não forem respeitados os limites mínimo e máximo das candidaturas de cada gênero.

7.12. RESUMO

REGISTRO DE CANDIDATOS

Convenções Municipais	Realização no período de 20 de julho e 5 de agosto: deliberação de coligações e escolha de candidatos a Prefeito, Vice-Prefeito e Vereador.
Pedido de registro pelos partidos ou coligações	Até as 19 horas do dia 15 de agosto.
Publicação de edital	Lista de candidatos.
Ação de impugnação do pedido de registro - AIRC	Ajuizamento no prazo de 5 dias da data de publicação do edital relativo aos pedidos de registro: candidato a Prefeito, Vice-Prefeito ou Vereador, Partido ou Coligação ou Ministério Público Eleitoral.
Causa de Pedir	Ausência de condição de elegibilidade ou existência de causa de inelegibilidade.
Resposta	No prazo de 7 dias após a intimação realizada no mural eletrônico do pré-candidato impugnado (partido ou coligação).
Decisão do Juiz Eleitoral	Julgamento antecipado, tratando-se somente de matéria de direito. Audiência para inquirição de testemunhas nos 4 dias seguintes à resposta. Diligências, caso necessário, nos 5 dias subsequentes.
Alegações finais	No prazo comum de 5 dias do término da instrução.

Sentença	No prazo de 3 dias da conclusão dos autos, sendo publicada no mural eletrônico.
Recurso para o TRE	No prazo de 3 dias da publicação no mural eletrônico.
Efeitos	Segundo o momento do trânsito em julgado da decisão: o registro será negado, ou cancelado, ou declarado nulo o diploma. Na eleição majoritária, acarreta a realização de novas eleições.

8

PROPAGANDA ELEITORAL

Marino Pazzaglini Filho

Nos termos das normas que regem as eleições, constitui propaganda eleitoral todo o ato que leva ao conhecimento geral, de forma direta ou dissimulada, inclusive em época anterior à permitida, a candidatura de cidadão a mandato eletivo, apontando as características e as qualidades que o habilitam a ser escolhido pelo eleitorado, como meio de conquistar eleitores e votos.

A tutela jurídica da propaganda eleitoral é instrumento indispensável à realização de uma eleição democrática, com igualdade de oportunidades aos candidatos e ao equilíbrio do pleito.

Decorre da livre manifestação do pensamento. Mas não pode servir para albergar prática de ilícito eleitoral.

A propaganda eleitoral, nas eleições municipais, qualquer que seja a forma ou modalidade, somente pode ser feita a partir de 16 de agosto, vedado qualquer tipo de propaganda política paga no rádio ou na televisão.

Logo, a propaganda realizada antes desta data, em benefício de eleitor pretendente a mandato eletivo, constitui propaganda antecipada ou extemporânea, de cunho irregular.

Excetua-se dessa proibição a propaganda intrapartidária, promovida pelos filiados ao partido político, que pleiteiam disputar cargo eletivo, na quinzena anterior à convenção partidária que irá escolher os candidatos do partido para as próximas eleições.

A propaganda intrapartidária, dirigida, pois, a conquista de votos dos convencionais com vista a indicação do seu autor candidato à Prefeito, é restrita no tempo, na modalidade e no espaço. No tempo, pois somente pode ser feita **na quinzena anterior à escolha em convenção**. Na modalidade, porque é vedada a sua divulgação por emissoras de rádio e televisão. E no espaço, eis que é apenas permitida a afixação de faixas e cartazes nas proximidades do local da realização da convenção.

As normas que disciplinam a propaganda eleitoral estão basicamente contempladas na Lei nº 9.504/97 e regulamentadas pela Resolução TSE nº 23.610/2019, com os ajustes normativos publicados até 13 de agosto, depois da primeira tiragem do livro, em cumprimento ao estabelecido na Emenda Constitucional nº 107/2020.

8.1 PROPAGANDA ANTECIPADA

Propaganda eleitoral antecipada, também denominada extemporânea, é aquela veiculada fora da época permitida pela lei eleitoral, ou seja, antes do dia **15 de agosto**, que pode ocasionar a punição do responsável por sua divulgação e o beneficiário dela, desde que comprovado o seu prévio conhecimento, à multa no valor de R$ 5.000,00 a R$ 25.000,00, ou ao equivalente ao custo da propaganda, se este for maior.

A Lei das Eleições prescreve que não configura propaganda eleitoral antecipada, desde que não envolva pedido explicito de voto, a menção a pretensa candidatura, a exaltação das qualidades pessoais dos pré-candidatos e os seguintes atos, que poderão ter cobertura dos meios de comunicação, inclusive via internet:

I - a participação de filiados a partidos políticos ou de pré-candidatos em entrevistas, programas, encontros ou debates no rádio, na televisão e na internet, inclusive com a exposição de plataformas e projetos políticos, observado pelas emissoras de rádio e de televisão o dever de conferir tratamento isonômico;

II - a realização de encontros, seminários ou congressos, em ambiente fechado e a expensas dos partidos políticos, para tratar da organização dos processos eleitorais, discussão de políticas públicas, planos de governo ou alianças partidárias visando às eleições, podendo tais atividades ser divulgadas pelos instrumentos de comunicação intrapartidária;

III - a realização de prévias partidárias e a respectiva distribuição de material informativo, a divulgação dos nomes dos filiados que participarão da disputa e a realização de debates entre os pré-candidatos;

IV - a divulgação de atos de parlamentares e debates legislativos, desde que não se faça pedido de votos;

V - a divulgação de posicionamento pessoal sobre questões políticas, inclusive nas redes sociais;

VI - a realização, a expensas de partido político, de reuniões de iniciativa da sociedade civil, de veículo ou meio de comunicação ou do próprio partido, em qualquer localidade, para divulgar ideias, objetivos e propostas partidárias;

VII – campanha de arrecadação prévia de recursos na modalidade prevista no inciso IV da § 4º do art. 23 desta Lei.

Em síntese, considera-se antecipada a propaganda que, antes do período eleitoral, inicia o trabalho de captação de votos do eleitor.

8.2 PROPAGANDA PERMITIDA

Propaganda eleitoral é o meio legítimo de que dispõe o Candidato para se comunicar com o eleitorado, tornando visível sua candidatura e mostrando-lhe sua imagem, sua motivação e suas propostas, com o intuito de obter apoios e votos.

É permitida toda propaganda eleitoral no primeiro dia após o término do prazo para os partidos e coligações apresentarem à Justiça Eleitoral os requerimentos de registro de seus candidatos às eleições.

Em termos de propaganda eleitoral, vigoram **as liberdades de criação e de expressão dos Candidatos e dos Partidos Políticos, que somente podem ser contidas ou restringidas por norma eleitoral expressa** (reserva de lei). Vale dizer, é livre toda a propaganda eleitoral que não seja contra a legislação eleitoral.

É o princípio da liberdade de propaganda eleitoral, ou seja, não pode ser cerceada, ou impedida, pelas autoridades públicas desde que esteja em conformidade com a disciplina eleitoral.

A propaganda exercida nos termos da legislação eleitoral não poderá ser objeto de multa, nem cerceada sob a alegação de exercício do poder de polícia ou violação de lei municipal.

O poder de polícia sobre a propaganda eleitoral será exercido por juízes eleitorais e se restringe às providencias necessárias para inibir práticas ilegais, vedada censura prévia sobre o teor dos programas e das matérias jornalísticas a serem exibidas na televisão, na rádio, na Internet e na imprensa escrita.

Na propaganda para a eleição de Prefeito, a Coligação usará, obrigatoriamente, sob a sua denominação, a legenda de todos os partidos políticos que a integram, enquanto na de Vereador, cada partido usará a sualegenda.

Cumpre frisar que a propaganda dos candidatos a Prefeito deverá constar, também, o nome do candidato a Vice, de modo claro e legível, em tamanho não inferior a 30% do nome do titular.

O princípio da legalidade, no âmbito eleitoral, envolve a sujeição dos agentes públicos à livre manifestação da propaganda eleitoral permitida.

Assim, a realização de qualquer ato de propaganda eleitoral, em recinto fechado ou aberto, inclusive comícios, não depende de licença da polícia.

Exige-se, apenas, a comunicação à autoridade policial, pelo candidato, partido político ou coligação, do ato de propaganda eleitoral que será realizado, em especial quando em recinto aberto, com antecedência, no mínimo, de 24 horas de sua realização, afim de que lhe garanta, segundo a prioridade do comunicado, o direito de promovê-lo, em relação a eventual pretendente em usar o local no mesmo dia e hora.

E a autoridade policial tem que adotar as providências necessárias à garantia de sua realização e ao funcionamento do tráfego e dos serviços públicos que o evento possa afetar.

Ao Juiz Eleitoral compete decidir as reclamações sobre a localização dos comícios e tomar as providências sobre a distribuição equitativa dos locais aos partidos e às coligações.

Da mesma forma, independe de obtenção de licença municipal e de autorização da Justiça Eleitoral, a veiculação de propaganda eleitoral através de distribuição de folhetos, adesivos, volantes e outros impressos, os quais devem ser editados sob a responsabilidade do partido, da coligação ou do candidato.

Todo material impresso de campanha deverá conter o número de inscrição no CNPJ ou no CPF do responsável pela confecção, bem como de quem o contratou e a respectiva tiragem.

Aos partidos políticos é assegurado, independente de licença de autoridade pública e do pagamento de qualquer contribuição, o direito de:

- fazer inscrever, na fachada de sua sede, no comitê do partido ou coligação, com liberdade de forma, o nome do candidato, a expressão e símbolo que o identificam e simbolizam a campanha eleitoral, que observe no comitê central a dimensão que não exceda $4m^2$, enquanto nos demais comitês o limite de $0,5m^2$;

- instalar e fazer funcionar, normalmente, das 8 às 22 horas, em tais locais, até a véspera da eleição, alto-falantes ou amplificadores de som.

A instalação e o uso de alto-falantes ou amplificadores de som são vedados em distância inferior a 200 metros:

I – das sedes dos Poderes Executivo e Legislativo da União, dos Estados, do Distrito Federal, e dos Municípios, das sedes dos órgãos judiciais, dos quartéis e outros estabelecimentos militares;

II – dos hospitais e casas de saúde;

III – das escolas, bibliotecas públicas, igrejas e teatros, quando em funcionamento.

Os comícios, desde que não sejam limitados ou coibidos por decisão do Município ou da Justiça Eleitoral fundamentada em parecer técnico de autoridade sanitária estadual ou nacional, podem ser realizados com o uso de aparelhagem de sonorização, inclusive com trio elétrico.

Até 22h00 do dia 2 de outubro, serão permitidas a distribuição de material gráfico, caminhadas, carreatas e passeatas, acompanhadas ou não de carro de som ou minitrio, desde que não haja decisão da Justiça Eleitoral proibindo.

A utilização de carro de som, que transite divulgando *jingles* ou mensagens de candidatos e minitrios é permitida apenas em carreatas, caminhadas, passeatas ou durante reuniões e comícios.

O carro de som é o veículo automotor (ou assemelhado), que usa equipamento de som com potência nominal de amplificação de, no máximo, 10.000 watts.

O minitrio é o veículo automotor que usa equipamento de som com potência nominal de amplificação maior de 10.000 watts até 20.000 watts.

É vedada a utilização de trios elétricos em campanhas eleitorais, exceto para a sonorização dos comícios.

No tocante a **propaganda móvel** é permitida a colocação de mesas para distribuição de material e a utilização de bandeiras ao longo das vias públicas, desde que móveis, ou seja, que sejam colocadas e retiradas entre 6 e às 22h e que não dificultem o bom andamento do trânsito de pessoas e veículos.

Em bens particulares é permitida a veiculação de propaganda eleitoral, desde que seja espontânea e gratuita, sendo vedado qualquer tipo de pagamento em troca de espaço para essa finalidade.

É proibido colar propaganda eleitoral em veículos, exceto adesivos micro perfurados até a extensão total do para-brisa traseiro e, em outras posições, que não excedam a 0,5 m^2.

O candidato cujo registro esteja *sub judice* poderá efetuar todos os atos relativos a sua campanha eleitoral, inclusive utilizar o horário eleitoral gratuito.

8.3 PROPAGANDA PROIBIDA

As **proibições aplicáveis a todas as modalidades de propaganda** estão relacionadas no Código Eleitoral, ao determinar que não serátolerada propaganda:

I – que veicule preconceitos de origem, raça, sexo, cor, idade e quaisquer outras formas de discriminação;

II – de guerra, de processos violentos para subverter o regime, a ordem política e social;

III – que provoque animosidade entre as Forças Armadas ou contra elas, ou delas contra as classes e as instituições civis;

IV – de incitamento de atentado contra pessoa ou bens;

V – de instigação à desobediência coletiva ao cumprimento de lei de ordem pública;

VI – que implique em oferecimento, promessa ou solicitação de dinheiro, dádiva, rifa, sorteio ou vantagem de qualquer natureza;

VII – que perturbe o sossego público, com algazarra ou abuso de instrumentos sonoros ou sinais acústicos;

VIII – por meio de impressos ou de objeto que pessoa, inexperiente ou rústica, possa confundir com moeda;

IX – que prejudique a higiene e a estética urbana;

X – que caluniar, difamar ou injuriar qualquer pessoa, bem como atingir órgãos ou entidades que exerçam autoridade pública;

XI – que desrespeite os símbolos nacionais (art. 243):

Nesse ponto, cumpre assinalar que constitui crime eleitoral, punível com detenção de 6 meses a 2 anos e pagamento de 10 a 40 dias-multa, "***caluniar*** *alguém, na propaganda eleitoral ou visando a fins de propaganda, imputando-lhe falsamente fato definido como crime*". E nas mesmas penas incorre "*quem, sabendo falsa a imputação, a propala ou a divulga*" (art. 324 do Código Eleitoral). Igualmente a difamação e a injuria.[1]

Aliás, a mera propaganda enganosa, ou seja, a divulgação de fatos inverídicos, de cunho ofensivo, em relação a partidos ou candidatos e capazes de exercer influência nociva sobre o eleitorado, caracteriza crime eleitoral (art. 323 do Código Eleitoral).

---

1. "***Difamar*** *alguém, na propaganda eleitoral, ou visando a fins de propaganda, imputando-lhe fato ofensivo à sua reputação*" (art. 325 do Código Eleitoral), e "***injuriar*** *alguém, na propaganda eleitoral, ou visando a fins de propaganda, ofendendo-lhe a dignidade ou o decoro*" (art. 326 do Código Eleitoral).

Nos bens cujo uso dependa da cessão ou permissão do Poder Público ou que lhe pertençam, tais como postes de iluminação pública, sinalização de tráfego, viadutos, passarelas, pontes, trens, metrô, parada de ônibus e outros equipamentos urbanos, é proibida veiculação de propaganda de qualquer natureza, inclusive pichação, inscrição a tinta e exposição de placas, estandartes, faixas, cavaletes, bonecos e assemelhados.

Não é permitida a veiculação de propaganda eleitoral em bens públicos ou particulares, exceto de bandeira ao longo das vias públicas, desde que móveis e que não dificultem o bom andamento do trânsito de pessoas e veículos, bem assim adesivo plástico em automóveis, caminhões, bicicletas, motocicletas e janelas residenciais, desde que não exceda a 0,5 m^2 (meio metro quadrado).

Quem veicular propaganda dessa forma será notificado para, no prazo de 48 horas, removê-la e restaurar o bem, sob pena de multa no valor de R$ 2.000,00 a R$ 8.000,00.

A responsabilidade do candidato beneficiado pela propaganda irregular não é presumida. Para a sua caracterização é preciso que fique provado o prévio consentimento dele e a devida notificação para a retirada da propaganda vedada ou refazimento do estado do bem.

Igualmente, é proibida a colocação de propaganda eleitoral de qualquer natureza, mesmo que não lhe cause danos, nas árvores, e nos jardins localizados em áreas públicas, bem como em muros, cercas e tapumes divisórios.

Nas dependências da Câmara Municipal, a veiculação de propaganda eleitoral fica a critério da Mesa Diretora. E, costumeiramente, é autorizada a afixação de propaganda eleitoral no interior dos gabinetes dos Vereadores e proibida nas áreas comuns.

É vedada, também, na campanha eleitoral a confecção, utilização, distribuição por comitê, candidato ou com sua autorização, de camisetas, chaveiros, bonés, canetas, brindes, cestas básicas ou quaisquer outros bens ou materiais que possam proporcionar vantagem ao eleitor, respondendo o infrator, conforme o caso, pela prática de captação ilícita de sufrágio, emprego de propaganda vedada e abuso de poder.

Igualmente, é proibida a realização de **showmício** e de evento assemelhado para promoção de candidatos, bem como a apresentação, remunerada ou não, de artistas com a finalidade de animar comício ou reunião eleitoral.

Outrossim, é vedada a propaganda eleitoral por meio de outdoors, inclusive eletrônicos, sujeitando-se a empresa responsável, os partidos, as coligações e os candidatos a sua imediata retirada e ao pagamento de multa no valor de R$ 5.000,00 a R$ 15.000,00.

9

PROPAGANDA ELEITORAL NA INTERNET

Marino Pazzaglini Filho

As campanhas online, o uso de internet (*sites, Facebook, Twitter, Instagram, Youtube* etc.) para a divulgação de candidatos, partidos políticos e coligações, constitui modalidade fundamental e uma das ferramentas mais decisivas de propaganda eleitoral

A **veiculação de propaganda eleitoral na internet**, como qualquer outra contemplada na Lei das Eleições, **somente é permitida a partir de 6 de julho.**

A manifestação do pensamento, por meio da internet e por outros meios de comunicação interpessoal mediante mensagem eletrônica, é livre e somente é passível de limitação quando ocorrer ofensa à honra de terceiros, assegurado o direito de resposta.

O anonimato é vedado durante a campanha eleitoral.

Considera-se anônima a publicação quando o provedor de aplicação de internet não disponha de dados que permitam a identificação do usuário.

Em outras palavras, a livre manifestação de pensamento do eleitor identificado ou identificável na internet somente é possível de limitação quando ofender a honra ou a imagem de candidatos, partidos ou coligações, ou divulgar fatos sabidamente inverídicos.

A propaganda eleitoral na internet é **permitida** das seguintes formas:

- em site do candidato, partido ou coligação, com endereço eletrônico comunicado à Justiça Eleitoral e hospedado em provedor de internet estabelecido no país;
- por meio de mensagens eletrônicas para endereços cadastrados gratuitamente pelo candidato, partido ou coligação;
- blogs, redes sociais, sítios de mensagens instantâneas e aplicações de internet assemelhadas, cujo conteúdo, seja gerado ou editado por candidatos, partidos ou coligações, bem como por qualquer pessoa natural desde que não contratem impulsionamentos e disparos em massa de conteúdo.

Os endereços eletrônicos dos sítios que serão utilizados pelos candidatos, durante o pleito eleitoral, deverão ser comunicados a Justiça Eleitoral no requerimento de registro de candidatura, podendo ser mantidos os endereços em uso antes do início da propaganda eleitoral.

Por outro lado, a propaganda eleitoral na internet é **proibida**:

- em sites de pessoas jurídicas, mesmo que gratuita;
- em sites oficiais ou hospedados por órgão da administração pública federal, estadual e municipal;
- por meio de telemarketing, em qualquer horário, bem como por disparos de mensagens sem anuência dos destinatários.

Igualmente é **vedada**:

- a venda de cadastros de endereços eletrônicos por pessoas jurídicas ou naturais, assim como a utilização, doação e cessão de dados pessoais de seus clientes a favor de candidatos;

- divulgar propaganda eleitoral falseando a própria identidade ou atribuindo indevidamente sua autoria à terceiros;
- a utilização de impulsionamento de conteúdo e ferramentas digitais não disponibilizados pelo provedor de aplicação de internet, ainda que gratuito, contratado para alterar o teor ou a repercussão da propaganda eleitoral;
- disparos em massa de mensagens instantâneas sem o consentimento dos destinatários, ou seja, envio automatizado ou manual de um mesmo conteúdo para um grande volume de usuários;
- uso de fakes e robôs, utilizados para distorcer a repercussão de conteúdo, cuja estratégia é denegrir a imagem de outros candidatos;

Nesse ponto, impende assinalar a atenção atualmente dispendida pelos tribunais eleitorais com a proibição de uso de *fakes* e robôs, a fim de garantir a lealdade nas campanhas eleitorais.

A Justiça Eleitoral vem se aperfeiçoando para combater este tipo de problema, bem como diversos órgãos públicos já criaram canais específicos para a denúncia de *fake news*, para fins de cadastro de propagandas e informações com conteúdo falso, cujo intuito é prejudicar os adversários.

A violação destas disposições sujeita o usuário responsável pelo conteúdo e, quando comprovado seu prévio conhecimento, o beneficiário, à multa no valor de R$ 5.000,00 a R$ 30.000,00 ou em valor equivalente ao dobro da quantia despendida, se esse cálculo superar o limite máximo da multa.

As mensagens eletrônicas e instantâneas enviadas por candidato, partido ou coligação para endereços cadastrados gratuitamente deverão dispor de mecanismo que permita seu descadastramento pelo destinatário, devendo o remetente providenciá-lo no prazo de 48 horas.

Após este prazo sujeitam os responsáveis ao pagamento de multa no valor de R$ 100,00 por mensagem.

No entanto, as mensagens eletrônicas e as instantâneas enviadas consensualmente por pessoa natural, de forma privada ou em grupos restritos de participantes não precisam dispor desse mecanismo.

Saliente-se que a manifestação espontânea de pessoas naturais em matéria político-eleitoral, mesmo que sob a forma de elogio ou crítica a candidato ou partido político, não será considerada propaganda eleitoral.

9.1 IMPULSIONAMENTO DE CONTEÚDO

Impulsionamento de conteúdo é o mecanismo ou serviço que, mediante contratação com os provedores de aplicação de internet, potencializa o alcance e a divulgação da informação para atingir usuários que, normalmente, não teriam acesso ao seu conteúdo, incluída entre as formas de impulsionamento a priorização paga de conteúdos resultantes de aplicações de busca de internet.

O impulsionamento somente poderá ser contratado e executado com o fim de promover ou beneficiar candidaturas, vedadas as postagens de propaganda negativa que visa denegrir a imagem de outros candidatos.

Trata-se, portanto, da única exceção à proibição de propaganda eleitoral paga na internet desde que contratado diretamente com provedor de aplicação de internet estabelecido no País. E contratado exclusivamente por coligações, partidos e candidatos, os quais podem ser representados pelo administrador financeiro da respectiva campanha, com fito de promoção de suas candidaturas.

Como o próprio nome sugere, o objetivo é de impulsionar o alcance de publicações, ampliando a visibilidade do candidato.

Em resumo, o conteúdo publicado oficialmente como propaganda eleitoral, pode ser impulsionado em rede sociais e plataformas como *Twitter, Facebook e Instagram*, através de pagamento.

Assinale-se, ainda, que o pagamento feito a ferramentas de busca para ter prioridade nos resultados é considerado impulsionamento e os seus custos são considerados gastos eleitorais lícitos, desde que contratado diretamente pelo candidato junto às plataformas de mídias sociais.

Todo impulsionamento deverá conter, de forma clara, o número de inscrição no CPNJ ou CPF do candidato além da expressão "Propaganda Eleitoral".

Sem dúvida, o impulsionamento de conteúdo caracteriza importante mudança relativa ao uso da Internet para fins de propaganda eleitoral. Talvez não só o avanço na utilização das mídias sociais tenha contribuído para tanto, mas também o fim das doações de pessoas jurídicas a candidatos.

9.2 REMOÇÃO DO CONTEÚDO DA INTERNET

A Justiça Eleitoral poderá determinar, por solicitação do ofendido, a remoção de publicações de cunho eleitoral, inclusive a suspensão de sua veiculação, que contenham *fake news*, ataques ou agressões a candidato em sítio de internet e nas redes sociais.

As ordens judiciais de remoção devem se restringir a matéria ofensiva ou mentirosa (trecho ou expressão), que caracteriza propaganda eleitoral vedada. E, com o intuito de assegurar a liberdade de expressão e impedir a censura, serão limitadas as hipóteses em que, mediante decisão fundamentada, seja constatadas violações às regras eleitorais ou ofensas à direito de pessoas que participam do processo eleitoral.

A ordem judicial, nesse sentido, fixará prazo razoável para seu cumprimento, não inferior a 24 horas, que, em circunstâncias excepcionais, poderá ser reduzido.

O provedor responsável pela aplicação de internet em que está hospedada a propaganda eleitoral vedada deverá promover sua remoção dentro do prazo determinado na ordem judicial, contado a partir de sua notificação, sob pena de arcar com multa de R$ 5.000,00 a R$ 30.000,00.

Por último, cumpre assinalar que, na hipótese da Justiça Eleitoral acolher o direito de resposta, esta deverá ser feita com o mesmo impulsionamento utilizado na divulgação do conteúdo considerado ilegal, ou seja, na forma e pelo tempo definidos na decisão judicial.

10

PROPAGANDA ELEITORAL NA RÁDIO, NA TELEVISÃO E NA IMPRENSA ESCRITA

Marino Pazzaglini Filho

A propaganda eleitoral na rádio e na televisão limita-se ao horário eleitoral gratuito, sendo vedada a veiculação de propaganda paga.

Os preceitos relativos ao comportamento das emissoras de rádio e televisão, no período eleitoral, quanto à veiculação de matérias atinentes às eleições e aos candidatos, são rigorosos devido à potencialidade singular que têm tais meios de comunicação de alcançar a maioria dos eleitores e a de influir na definição do seu voto, máxime em face do número substancial de eleitores indecisos no começo da campanha eleitoral.

Essas normas cogentes, que impõem providências céleres e severas punições aos infratores, não afetam a liberdade de expressão e informação garantidas pelo ordenamento constitucional. Mas a compatibilizam com outros princípios constitucionais, igualmente relevantes, de lisura das eleições, de isonomia entre os candidatos na campanha eleitoral e de liberdade devoto.

A Lei de Eleições, a partir de 1º de julho, proíbe às emissoras de rádio e televisão, em sua programação normal e em noticiário:

I – transmitir, ainda que sob a forma de entrevista jornalística, imagens de realização de pesquisa ou de qualquer outro tipo de consulta popular de natureza eleitoral em que seja possível identificar o entrevistado ou em que haja manipulação de dados;

II – veicular propaganda política;

III – dar tratamento privilegiado a candidato, partido político ou coligação;

IV – veicular ou divulgar filmes, novelas, minisséries ou qualquer outro programa com alusão ou crítica a candidato ou partido político, mesmo que dissimuladamente, exceto programas jornalísticos ou debates políticos;

V – divulgar nome de programa que se refira a candidato escolhido em convenção, ainda quando preexistente, inclusive se coincidente com o nome do candidato ou o nome por ele indicado para uso na urna eletrônica e sendo o nome do programa o mesmo que o do candidato, fica proibida a sua divulgação, sob pena de cancelamento do respectivo registro.

Em razão do princípio de isonomia do pleito, a partir do resultado da convenção, é vedado às emissoras transmitir programa apresentado ou comentado por candidato nesta escolhido.

A emissora de rádio ou televisão que descumprir essas normas está sujeita ao pagamento de multa no valor de R$ 21.282,00 a R$ 106.410,00, duplicada em caso de reincidência.

Proíbe-se a propaganda eleitoral dissimulada em favor de determinados candidatos e a propagação deliberada de imagem ou opinião negativa de adversário político ou favorável de candidato apaniguado ou simpatizante.

Logo, **veda-se o abuso e não o exercício regular da liberdade de expressão e de informação.**

O rádio e a televisão por constituírem serviços públicos dependentes da outorga do Estado, tem um dever que não se estende à mídia escrita: **o dever de imparcialidade, ou seja,**

de não prestigiarem essa ou aquela candidatura. Imparcialidade, porém, que não significa ausência de opinião ou de crítica jornalística.

Assim, as emissoras de rádio e de televisão mantêm o direito, durante o período eleitoral, por exemplo, de criticar a atuação do Prefeito, mesmo sendo candidato à reeleição, desde que as críticas se refiram a ações administrativas de governo e não à sua campanha eleitoral.

Da mesma forma, as emissoras podem, no transcorrer do período de campanha eleitoral, promover entrevistas com os candidatos, desde que dê tratamento equânime e permita acesso análogo a todos os candidatos.

Na imprensa escrita é permitida, até a antevéspera do pleito, a divulgação paga e a reprodução na internet, até 10 anúncios de propaganda eleitoral, por veículo, em datas diversas, para cada candidato, no espaço mínimo, por edição, de 1/8 de página de jornal padrão e de 1/4 de página de revista ou tabloide.

Do anúncio deve constar, de forma visível, o valor pago pela inserção.

As notícias acerca dos atos do governo municipal constituem atividade inerente à imprensa escrita e desde que não tenham cunho eminente de propaganda eleitoral não constituem propaganda ilícita.

Anote-se que é permitida a reprodução virtual das páginas de jornal impresso na Internet, desde que seja no sítio do próprio jornal, independentemente do seu conteúdo, devendo ser respeitado o formato gráfico e o conteúdo editorial da versão impressa.

Impende assinalar que os jornais e revistas podem divulgar opinião favorável a candidato, partido político ou coligação, desde que não seja matéria paga, mas os abusos e excessos serão apurados e punidos.

Os excessos que a legislação eleitoral busca punir, em relação à imprensa escrita, dizem respeito a elementos que desvirtuam o direito de liberdade de expressão, tais como a divulgação de notícias sabidamente inverídicas ou a veiculação de mensagens difamatórias, caluniosas ou injuriosas durante a campanha eleitoral.

A liberdade de manifestação na imprensa escrita é maior do que no rádio e na televisão por dois motivos. Primeiro, porque é limitado o potencial de influência de jornal ou revista nos eleitores. Segundo, porque o acesso a mídia impressa depende do interesse do leitor diferentemente do que acontece no rádio e na televisão, cujo acesso é direto e fácil.

11

PROPAGANDA ELEITORAL GRATUITA NA RÁDIO E NA TELEVISÃO

Marino Pazzaglini Filho

A propaganda eleitoral gratuita para Prefeito será veiculada, em rede, de segunda a sábado:

a) das 7 horas e às 7 horas e 10 minutos e das 12 horas às 12 horas e 10 minutos, no rádio; e

b) das 13 horas às 13 horas e 10 minutos e das 20 horas e 30 minutos às 20 horas e 40 minutos, na televisão.

E em inserções de 30 e 60 segundos, de segunda a domingo, distribuídas, ao longo da programação, entre as 5 e 24 horas, na proporção de 60% para Prefeito e 40% para Vereador.

A propaganda eleitoral no rádio e televisão restringe-se ao horário eleitoral gratuito, vedada a veiculação de propaganda paga, que se inicia no dia 30 de agosto.

As emissoras de rádio, inclusive as rádios comunitárias, as emissoras de televisão que operam em VHF e UHF e os canais de televisão por assinatura sob a responsabilidade das Câmaras Municipais, reservarão, **horário destinado à divulgação, em rede, da propaganda eleitoral gratuita, relativa ao primeiro turno**.

Os Juízes Eleitorais distribuirão os horários reservados à propaganda em rede, para o cargo de Prefeito, e à propaganda em inserções, para ambos os cargos, entre os partidos que tenham candidato, observados os seguintes critérios:

I – 90% distribuídos proporcionalmente ao número de representantes na Câmara dos Deputados, considerado, no caso de coligação para as eleições majoritárias, o resultado da soma do número de representantes dos seis maiores partidos que a integrem; e

II – 10% distribuídos igualitariamente.

Nos municípios em que não haja emissora de rádio e televisão, a Justiça Eleitoral garantirá aos partidos políticos participantes do pleito, veiculação de propaganda eleitoral gratuita nas localidades operacionalmente viáveis a realizar a transmissão.

No município no qual esteja localizada a antena transmissora fica assegurada a transmissão de propaganda eleitoral em pelo menos uma emissora.

Nos programas eleitorais gratuitos não serão admitidos cortes instantâneos ou qualquer tipo de censura prévia, sendo vedada a veiculação de propaganda que possa degradar ou ridicularizar candidatos.

Fica proibida a utilização da propaganda de candidaturas proporcionais como propaganda de candidaturas majoritárias e vice-versa.

O último dia para a sua veiculação é 2 de outubro.

12
DEBATES

Marino Pazzaglini Filho

Independentemente da veiculação da propaganda eleitoral gratuita, as emissoras de rádio ou televisão podem promover debates referentes às eleições majoritária ou proporcional até 2 de outubro, podendo ser prolongado até às 7:00h do dia seguinte. E no pleito para Prefeito, que será decidido em segundo turno, o último dia para a realização de debates será no dia 26 de outubro, não podendo ultrapassar o horário da meia noite.

Os sites de Internet terão permissão para transmitirem debates.

Os debates serão realizados segundo as regras estabelecidas em acordo celebrado entre os partidos políticos e a pessoa jurídica interessada na realização do evento, dando-se ciência à Justiça Eleitoral.

É assegurada a participação dos candidatos dos partidos políticos com representação no Congresso Nacional de no mínimo de 5 parlamentares e facultada a dos demais.

Inexistindo acordo, os debates transmitidos por emissora de rádio ou televisão deverão obedecer às seguintes regras:

I – **nas eleições majoritárias,** os debates serão apresentados:

- **em conjunto**, estando presentes todos os candidatos; ou

- **em grupos**, estando presentes, no mínimo três, candidatos.

II – **nas eleições proporcionais**, os debates serão organizados de modo a assegurar a presença de número equivalente de candidatos de todos os partidos políticos, podendo desdobrar-se em mais de um dia.

Em qualquer hipótese, deverão ser observadas as seguintes regras:

I – é admitida a realização de debate sem a presença de candidato, desde que o veículo de comunicação responsável comprove ter convidado o ausente com a antecedência mínima de 72 horas da realização do debate;

II – é vedada a presença de um mesmo candidato à eleição proporcional em mais de um debate da mesma emissora;

III – o horário destinado à realização de debate poderá ser destinado à entrevista de candidato, caso apenas este tenha comparecido ao evento.

De se ver, que é vedado no horário destinado aos candidatos a Vereador, propaganda dos candidatos a Prefeito, ou vice-versa, ressalva a utilização, durante a exibição do programa, de legenda com referência aos candidatos majoritários ou, no fundo, de cartazes ou fotografias desses candidatos.

O descumprimento das regras a respeito dos debates sujeita a empresa infratora à suspensão, por 24 horas, da sua programação, com a transmissão, a cada 15 minutos de mensagem de orientação ao eleitor. E, em cada reiteração de conduta, o período de suspensão será duplicado.

13

VEDAÇÕES E PERMISSÕES NO DIA DAS ELEIÇÕES

Marino Pazzaglini Filho

No dia das eleições, é vedada a divulgação de qualquer espécie da propaganda eleitoral.

A norma de proibição tem em vista resguardar a liberdade do eleitor votar sem padecer qualquer intimidação ou constrangimento.

Por isso, é vedado, até o término da votação, com ou sem utilização de veículos:

I – aglomeração de pessoas portando vestuário padronizado, bandeira, broches, dísticos, adesivos ou camisetas;

II – caracterização de manifestação coletiva e/ou ruidosa;

III – abordagem, aliciamento, utilização de métodos de persuasão ou convencimento;

IV – distribuição de camisetas.

Em síntese, não é permitida, no dia da eleição, qualquer manifestação coletiva em prol ou contra candidatos ou partidos políticos, em especial a aglomeração de pessoas portando camisetas ou outros materiais de propaganda e distribuindo impressos e brindes aos eleitores, ou seja, **é proibida a propaganda "boca de urna"**.

Apenas é permitida a manifestação individual e silenciosa da preferência do eleitor por candidato, partido po-

lítico ou coligação, revelada exclusivamente pelo uso de bandeiras, broches, dísticos, adesivos e camisetas.

No dia da eleição, constituem crimes, puníveis com detenção de 6 meses a 1 ano, com alternativas de prestação de serviços à comunidade pelo mesmo período, e multa no valor de R$ 5.320.50 a R$ 15.961,50:

I – o uso de alto-falantes e amplificadores de som ou a promoção de comício ou carreata;

II – a arregimentação de eleitor ou a propaganda de boca de urna;

III – a divulgação de qualquer espécie de propaganda de partidos políticos ou de seus candidatos;

IV – a publicação de novos conteúdos ou impulsionamento de conteúdo nas aplicações de internet, podendo ser mantidas em funcionamento as aplicações e os conteúdos publicados anteriormente (Lei das Eleições, art. 39, § 5º, I a IV).

No recinto das seções eleitorais, é vedado aos fiscais partidários o uso de vestuário padronizado. É permitido somente o uso de crachás com o nome e a sigla do partido político ou coligação.

Igualmente, aos servidores da Justiça Eleitoral e mesários é vedado o uso de vestuário ou qualquer objeto que contenha qualquer propaganda de candidato, partido político ou coligação.

Ao candidato ou qualquer pessoa é vedado, desde o dia anterior ao posterior do pleito o fornecimento de transporte na zona urbana, exceto o uso individual do proprietário para o exercício do próprio voto e de seus familiares.

Na zona rural, cabe à Justiça Eleitoral o fornecimento gratuito, no dia de eleição, de transporte de eleitores nela residentes, em veículos e embarcações de entidades públicas, que estiverem à sua disposição em face de prévia requisição, sendo que o serviço de transporte somente será fornecido dentro dos limites territoriais do respectivo Município e quando das zonas rurais para as mesas receptoras distar pelos menos 2 quilômetros.

De se ver, que é permitida, a qualquer momento, a divulgação das pesquisas eleitorais realizadas em data anterior à da eleição.

Igualmente, é permitida, também, a partir do encerramento do pleito, a divulgação das pesquisas realizadas no dia da eleição.

14

PESQUISAS ELEITORAIS

Marino Pazzaglini Filho

As entidades e empresas que, a partir de 1° de janeiro, realizarem pesquisas de opinião pública relativas às eleições de 2024 ou aos candidatos, para conhecimento público, são obrigadas, para cada pesquisa, registrá-la perante o Juiz Eleitoral competente para fazer o registro de candidatos, com o minimo de 5 dias de antecedência da divulgação, com as informações constantes da Resolução TSE n° 23600/2019, com as alterações publicadas em 13 de agosto, que dispõem sobre pesquisas eleitorais.

A comprovação de irregularidades nos dados publicados sujeita os responsáveis por crime apenado com detenção, de 6 meses a 1 ano, com a alternativa de prestação de serviço à comunidade pelo mesmo prazo, e multa no valor de R$ 10.641,00 a R$ 21.282,00 (Lei n° 9.504/97, art. 34, § 2°), sem prejuízo da obrigatoriedade de veiculação dos dados corretos, no mesmo espaço, local, horário, página, caracteres e outros elementos de destaque, de acordo com o veículo usado.

14.1 DIVULGAÇÃO DOS RESULTADOS

As pesquisas eleitorais poderão ser divulgadas a qualquer momento, inclusive no dia das eleições. E as pesquisas realizadas nesta data, "pesquisa boca de urna" ou de "intenção de voto", podem ser divulgadas a partir do encerramento das eleições.

Na divulgação dos resultados de pesquisas, atuais ou não, serão obrigatoriamente informados:

- o período da realização da coleta de dados;
- a margem de erro;
- o nível de confiança;
- o número de entrevistas;
- o nome da entidade ou empresa que a realizou e, se for o caso, de quem a contratou;
- o número de registro da pesquisa.

14.2 IMPUGNAÇÕES

Os candidatos, as coligações os partidos políticos e o MPE são partes legítimas para impugnar perante o Juiz Eleitoral o registro e a divulgação de pesquisas eleitorais.

Havendo impugnação, o pedido de pesquisa será autuado como Representação e o Cartório Eleitoral providenciará a notificação imediata do representado, para apresentar defesa no prazo de 48 horas.

O Juiz Eleitoral, considerando a relevância do direito invocado e a possibilidade de prejuízo de difícil reparação, poderá determinar a suspensão da divulgação dos resultados da pesquisa impugnada ou a inclusão de esclarecimento na divulgação de seus resultados.

15

ARRECADAÇÃO E APLICAÇÃO DE RECURSOS NAS CAMPANHAS ELEITORAIS

Maria Fernanda P. Toledo Waissman

As normas eleitorais que dispõe sobre a arrecadação e os gastos de recursos por partidos políticos e candidatas ou candidatos estão insertas na Resolução 23.607/2019, alterada pela Resolução 23.731/2024.

Em resumo, os requisitos básicos para a arrecadação e aplicação de recursos nas campanhas eleitorais são: **(*i*)** requerimento do registro de candidatura; **(*ii*)** inscrição no Cadastro Nacional da Pessoa Jurídica (CNPJ); **(*iii*)** abertura de conta bancária específica para a movimentação financeira de campanha; e **(*iv*)** emissão de recibos eleitorais.

Diversas são as minúcias que regem a matéria em questão para as eleições de 2024, de modo que a matéria aqui tratada deverá ser ponderada de acordo com as mencionadas Resoluções do do Tribunal Superior Eleitoral, com as respectivas atualizações no decorrer do ano eleitoral.

15.1 ARRECADAÇÃO

(a) Abertura de conta

Para dar início à arrecadação é necessário, após o requerimento do registro de candidatura e a inscrição no CNPJ, a abertura de conta bancária específica. A conta bancária deve ser aberta em agências bancárias ou postos de atendimento bancário, sendo permitida, a critério da instituição financeira, abertura da conta também por meios eletrônicos, com a utilização de assinatura eletrônica que utiliza certificados não emitidos pela ICP-Brasil – desde que admitido pelas partes como válidos ou aceito pela pessoa a quem for aposto o documentos – ou, alternativamente, assinatura avançada/qualificada (Lei nº 14.063/20) ou, ainda, confrontação de informações de identificação e qualificação dos titulares de conta com as disponíveis na instituição bancária.

A conta bancária deve ser aberta pela candidata ou candidato no prazo de 10 (dez) dias contados da concessão do tão logo obtido o CNPJ pela Secretaria da Receita Federal e a conta bancária somente pode receber depósitos e créditos de origem identificada.

A obrigatoriedade na abertura da conta bancária não se aplica ao candidato(a) que expressamente renunciou ao registro, teve seu registro indeferido ou foi substituído(a) antes do prazo de 10 (dez) dias a contar da emissão do CNPJ de campanha, desde que não haja indícios de arrecadação de recursos e realização de gastos eleitorais, bem como ai candidato(a) cujo registro de candidatura tenha sido negado pela Justiça Eleitoral.

Merece atenção o recebimento de recursos oriundos do Fundo de Assistência Financeira aos Partidos Políticos (Fundo Partidário) e do Fundo Especial de Financiamento de Campanha (FEFC), na medida em que contas bancárias distintas e específicas devem ser abertas para a movimentação destes recursos.

Os partidos que não abriram, a conta bancária "Doações para campanha" poderão fazê-lo até 15 de agosto.

Dentre as obrigações dos bancos ressalta-se que eles têm o dever de: ***(i)*** acatar, em até três dias, o pedido de abertura de conta de qualquer candidato escolhido em convenção, sendo-lhes vedado condicioná-la a depósito mínimo e à cobrança de taxas ou de outras despesas de manutenção ; ***(ii)*** identificar as contas bancárias com o nome constante do CNPJ fornecido pela Secretaria da Receita Federal; ***(iii)*** identificar nos extratos bancários da conta corrente o CPF ou o CNPJ da pessoa doadora ou fornecedora da campanha e ***(iv)*** encerrar as contas bancárias destinadas ao FEFC no fim do ano da eleição, transferindo, de forma unificada, a totalidade do saldo existente para o Tesouro Nacional, informando o fato à Justiça Eleitoral. Na hipótese de haver pagamento de gastos eleitorais com recursos que não provenham de contas específicas, bem como de arrecadação que não tenha transitado pela conta corrente da campanha, ter-se-á a reprovação das contas do partido ou do candidato.

(b) Origem dos Recursos

É vedado a partido político e a candidato ou candidata receber, direta ou indiretamente, doação em dinheiro ou estimável em dinheiro, inclusive por meio de publicidade de qualquer espécie, procedente de pessoas jurídicas; origem estrangeira; e pessoa física concessionária ou permissionária de serviço público.

O recurso recebido de fontes vedadas deve ser imediatamente devolvido ao doador e, na impossibilidade, deve-se providenciar a imediata transferência ao Tesouro Nacional, por meio de Guia de Recolhimento da União (GRU). Ressalta-se que a devolução dos recursos de fonte vedada ou o seu recolhimento durante a campanha ou, ainda,m a determinação de seu recolhimento ao Tesouro Nacional não impede, se for o caso, a desaprovação das contas, na hipótese de comprovação de utilização dos recursos ilícitos pelo candidato.

Ademais, vale lembrar que, quando da não identificação de recurso recebido, o candidato também deverá proceder ao imediato recolhimento do valor ao Tesouro Nacional.

(b.1) Recursos próprios dos candidatos

Algumas regras relativas às doações de recursos próprios são idênticas às doações de pessoas físicas, motivo pelo qual estas disposições serão inicialmente destacadas.

Em primeiro lugar as doações somente poderão ser realizadas por meio de:

- transação bancária, inclusive pix;
- doação ou cessão temporária de bens e/ou serviços estimáveis em dinheiro, com a demonstração de que o doador é proprietário do bem ou é o responsável direto pela prestação de serviços;
- instituições que promovam técnicas e serviços de financiamento coletivo por meio de sítios da Internet e outros recursos similares.

Até a data do fechamento desta edição as doações financeiras de valor igual ou superior a R$ 1.064,10 (mil e sessenta e quatro reais e dez centavos) só poderão ser realizadas mediante transferência eletrônica.

O candidato poderá usar recursos próprios em sua campanha até o total de 10% (dez por cento) dos limites previstos para gastos de campanha no cargo em que concorrer (art. 23, parágrafo 2º-A, da Lei das Eleições. O valor da doação também está limitado ao valor máximo dos limites de gastos da campanha estabelecidos pela Justiça Eleitoral.

Quanto às doações estimáveis em dinheiro relativas à utilização de bens móveis e imóveis de sua propriedade, o valor não pode ultrapassar R$ 40.000,00 (quarenta mil reais).

No que se refere à utilização de bens próprios do candidato, deve ser demonstrado que eles já integravam seu patrimônio em período anterior ao pedido de registro da candidatura.

Na hipótese de recursos próprios advindos de empréstimo, o mesmo deve ter sido efetivado em instituições financeiras ou equiparadas autorizadas a funcionar pelo Banco Central do Brasil e, quando cumpridos os seguintes requisitos cumulativos: ***(i)*** devem estar caucionados por bem integrante do seu patrimônio no momento do registro de candidatura; ***(ii)*** não devem ultrapassar a capacidade de pagamento decorrente dos rendimentos de sua atividade econômica.

A doação de quantia acima do limite sujeita o infrator ao pagamento de multa no valor de até 100% (cem por cento) da quantia em excesso, sem prejuízo de o candidato responder por abuso do poder econômico, nos termos do art. 22 da Lei Complementar nº 64/1990.

Vale lembrar que o limite de gasto abrange o titular e o vice. Isto porque, não há limites individualizados, em razão do princípio da unicidade ou indivisibilidade da chapa majoritária, previsto no art. 91 do Código Eleitoral, § 1º do art. 3º da Lei n. 9.504/97 e arts. 77, § 1º, e 28 da Constituição Federal.

(b.2) Doações de pessoas físicas

As doações de pessoas físicas são limitadas a **10% (dez por cento) dos rendimentos brutos auferidos pelo doador no ano-calendário anterior à eleição**, exceto as doações estimáveis em dinheiro relativas a bens de propriedade do doador ou a prestação de serviços próprios deste, desde que o valor estimado não ultrapasse a R$ 40.000,00 (quarenta mil reais).

A doação acima dos limites fixados sujeita o infrator ao pagamento de multa no valor de até 100% (cem por cento) da quantia em excesso, sem prejuízo de o candidato responder por abuso do poder econômico, nos termos do art. 22 da Lei Complementar nº 64/1990.

Cumpre aprofundar no tema que envolve o **financiamento coletivo**, a fim de deixar claro os seus requisitos. São eles:

- cadastro prévio na Justiça Eleitoral pela instituição arrecadadora dos critérios para operar arranjos de pagamento;
- identificação obrigatória, com o nome completo e o número do CPF de cada um dos doadores, o valor das

quantias doadas individualmente, a forma de pagamento e as datas das respectivas doações;

- disponibilização, em sítio eletrônico, de lista com identificação dos doadores e das respectivas quantias doadas, a ser atualizada instantaneamente a cada nova doação, cujo endereço eletrônico, bem como a identificação da instituição arrecadadora, devem ser informados à Justiça Eleitoral, na forma por ela fixada;
- emissão obrigatória de recibo de comprovação para cada doação realizada sob a responsabilidade da entidade arrecadadora;
- envio imediato para a Justiça Eleitoral, na forma por ela estabelecida, e para o candidato de todas as informações relativas à doação;
- ampla ciência a candidatos e eleitores acerca das taxas administrativas a serem cobradas pela realização do serviço;
- observância do Calendário Eleitoral para arrecadação de recursos;
- movimentação dos recursos captados na conta bancária destinada ao recebimento de doações para campanha; e
- observância dos dispositivos da legislação eleitoral relacionados à propaganda na Internet.

Muito embora a chamada ***vaquinha virtual***, possa passar uma ideia de informalidade, a arrecadação pela internet exige que o partido político ou o candidato torne disponível o mecanismo da arrecadação em página eletrônica, observados, também, os seguintes requisitos:

- identificação do doador pelo nome e pelo CPF;
- emissão de recibo eleitoral para cada doação realizada, dispensada a assinatura do doador; e

- utilização de terminal de captura de transações para as doações por meio de crédito e cartão de débito (somente serão admitidas se realizadas até a data da eleição e não poderão ser parceladas).
- A Lei das Eleições dispõe que somente a partir do dia 15 de maio é que o pré-candidato poderá fazer a arrecadação prévia de recursos de financiamento coletivo de campanha e acrescenta que a liberação dos recursos arrecadados estará condicionada ao registro efetivo da candidatura. Por se tratar de período pré-campanha, a *vaquinha virtual*, deverão serem obedecidas as vedações inerentes ao pedido de voto e às regras de propaganda eleitoral antecipada.

(b.3) Doações de outros partidos políticos e de outros candidatos

As doações de recursos realizadas entre partidos políticos, entre partido político e candidato e entre candidatos estão sujeitas à emissão de recibo eleitoral, mas não se submetem ao limite de 10% mencionado anteriormente, com exceção da doação realizada pela pessoa física do candidato, com recursos próprios, para outro candidato ou partido político.

(b.4) Comercialização de bens e/ou serviços ou promoção de eventos

A comercialização de bens e/ou serviços ou promoção de eventos de arrecadação devem ser realizadas diretamente pelo candidato ou pelo partido político e o(s) ato(s) devem ser comunicados à Justiça Eleitoral, que poderá determinar sua fiscalização, com antecedência de 05 (cinco) dias úteis.

Além disso, deve-se manter a disposição da Justiça Eleitoral toda a documentação necessária para a comprovação de sua realização, dos custos e das receitas obtidas.

Em decorrência da ADI nº 5.970/DF, julgada pelo Supremo Tribunal Federal (STF) em 2021, foi viabilizada a possibilidade de realização de apresentações artísticas ou shows musicais que tenham o objetivo específico de arrecadação para campanhas, sem promoção de quaisquer candidaturas.

Os valores arrecadados seguem todas as regras da doação e estão sujeitos aos limites legais e à emissão de recibos eleitorais.

(b.5) Recursos próprios dos partidos políticos

Se a origem do recurso for advinda de recursos próprios dos partidos políticos deve ser identificada sua procedência, que pode ser proveniente de:

A Lei dos Partidos Políticos (Lei nº 9.096/95) trata do **Fundo Especial de Assistência Financeira aos Partidos Políticos** (*Fundo Partidário*), que é constituído por: ***(i)*** multas e penalidades pecuniárias aplicadas nos termos do Código Eleitoral e leis conexas; ***(ii)*** recursos financeiros que lhe forem destinados por lei, em caráter permanente ou eventual; ***(iii)*** doações de pessoa física, efetuadas por intermédio de depósitos bancários diretamente na conta do Fundo Partidário; e ***(iv)*** dotações orçamentárias da União em valor nunca inferior, cada ano, ao número de eleitores inscritos em 31 de dezembro do ano anterior ao da proposta orçamentária, multiplicados por trinta e cinco centavos de real, em valores de agosto de 1995.

Os recursos oriundos do Fundo Partidário deverão ser aplicados: *(a)* na manutenção das sedes e serviços do partido, permitido o pagamento de pessoal, a qualquer título, observado, do total recebido, o limite de 50% para o órgão nacional e 60% para cada órgão estadual e municipal; *(b)* na propaganda doutrinária e política; *(c)* no alistamento e campanhas eleitorais; *(d)* na criação e manutenção de instituto ou fundação de pesquisa e de doutrinação e educação política, sendo esta aplicação de, no mínimo, vinte por cento do total recebido; *(e)* na criação e manutenção de programas de promoção e difusão da participação política das mulheres, criados e executados pela Secretaria da Mulher ou, a critério da agremiação, por instituto com personalidade jurídica própria presidido pela Secretária da Mulher, em nível nacional, conforme percentual que será fixado pelo órgão nacional de direção partidária, observado o mínimo de 5% do total; *(f)* no pagamento de mensalidades, anuidades e congêneres devidos a organismos partidários internacionais que se destinem ao apoio à pesquisa, ao estudo e à doutrinação política, aos quais seja o partido político regularmente filiado; *(g)* no pagamento de despesas com alimentação, incluindo restaurantes e lanchonetes; *(h)* na contratação de serviços de consultoria contábil e advocatícia e de serviços para atuação jurisdicional em ações de controle de constitucionalidade e em demais processos judiciais e administrativos de interesse partidário, bem como nos litígios que envolvam candidatos do partido, eleitos ou não, relacionados exclusivamente ao processo eleitoral; *(i)* na compra ou locação de bens móveis e imóveis, bem como na edificação ou construção de sedes e afins, e na realização de reformas e outras adaptações nesses bens; e *(j)* no custeio de impulsionamento, para conteúdos contratados diretamente com provedor de aplicação de internet com sede e foro no País, incluída a priorização paga de conteúdos resultantes de aplicações de busca na internet, inclusive plataforma de compartilhamento de vídeos e redes sociais, mediante o pagamento por meio de boleto bancário, de depósito identificado ou de transferência eletrônica diretamente para conta do provedor, proibido, nos anos de eleição, no período desde o início do prazo das convenções partidárias até a data do pleito.

É vedado o repasse de recursos do Fundo Partidário por partidos políticos e candidatos não pertencentes à mesma federação ou coligação e/ou não federados ou coligados.

O Fundo Especial de Financiamento de Campanha (FEFC), previsto nos artigos 16-C e 16-D da Lei nº 9.504/1997, é constituído por dotações orçamentárias da União em ano eleitoral, em valor ao menos equivalente: ***(i)*** ao definido pelo Tribunal Superior Eleitoral, a cada eleição, com base nos parâmetros definidos em lei; e ***(ii)*** ao percentual do montante total dos recursos da reserva específica a programações decorrentes de emendas parlamentares impositivas, que será encaminhado no projeto de lei orçamentária anual

As diretrizes gerais para a gestão e distribuição dos recursos do FEFC são regulamentadas pela Resolução-TSE nº 23.605/2019, com as alterações da Resolução nº 23.731/2024.

Tão logo ocorrer a reunião da executiva nacional que deliberar sobre os critérios de distribuição do FEFC, os diretórios nacionais dos partidos políticos devem encaminhar petição via processo judicial eletrônico (Pje) à Presidência do TSE, indicando os critérios fixados para distribuição dos recursos. Além disso, após o recebimento dos recursos financeiros do FEFC, o diretório nacional do partido deverá providenciar a divulgação na sua página na internet, com os critérios de distribuição desses recursos.

Destaca-se que, inexistindo candidatura própria do partido ou da federação por ele integrada ou em coligação na circunscrição, é vedado o repasse dos recursos do Fundo Especial de Financiamento de Campanha (FEFC) para outros partidos políticos ou candidaturas desses mesmos partidos. Também é vedado o repasse de recursos do FEFC, dentro ou fora da circunscrição, por partidos políticos ou candidatos não pertencentes à mesma federação ou e/ou não federados ou coligados, sob pena de configurar irregularidade grave, caracterizando o recebimento de recursos de fontes vedadas.

Para o financiamento de candidaturas femininas e de pessoas negras os partidos devem destinar os seguintes percentuais do montante recebido do Fundo Especial de Financiamento de Campanha (FEFC) (Resolução nº 23.665/2021.STF: ADI nº 5.617/DF, DJE de 3.10.2018, e ADPF- MC nº 738/DF, DJE de 29.10.2020; e TSE: Consulta nº 0600252-18, DJE de 15.8.2018, e Consulta nº 0600306-47, DJE de 5.10.2020):

I - para as candidaturas femininas o percentual corresponderá a proporção dessas candidaturas em relação a soma das candidaturas masculinas e femininas do partido, não podendo ser inferior a 30% (trinta por cento);

II - para as candidaturas de pessoas negras o percentual corresponderá à proporção de:

a) mulheres negras e não negras do gênero feminino do partido; e

b) homens negros e não negros do gênero masculino do partido; e

A verba do Fundo Especial de Financiamento das Campanhas (FEFC) destinada ao custeio das campanhas femininas e de pessoas negras deve ser aplicada exclusivamente nestas campanhas, sendo ilícito o seu emprego no financiamento de outras campanhas não contempladas nas cotas a que se destinam.

Os recursos correspondentes aos percentuais mencionados devem ser distribuídos pelos partidos até 30 de agosto do ano eleitoral e a regularidade da aplicação mínima dos respectivos percentuais será apurada na prestação de contas do diretório nacional do partido, que deverá abrir contas bancárias específicas para comprovar a regularidade da destinação dos recursos.

(b.6) Rendimentos decorrentes da locação de bens próprios dos partidos políticos

Como regra básica, anote-se que os rendimentos financeiros e os recursos obtidos com a alienação de bens têm a mesma natureza dos recursos investidos ou utilizados para sua aquisição e devem ser creditados na conta bancária na qual os recursos financeiros foram aplicados ou utilizados para aquisição do bem.

15.2. PRAZO

Partidos políticos e candidatos podem arrecadar recursos e contrair obrigações até o dia da eleição. Após este prazo é permitida a arrecadação de recursos exclusivamente para a quitação de despesas contraídas e não pagas até o dia da eleição, as quais deverão estar integralmente quitadas até o prazo de entrega da prestação de contas à Justiça Eleitoral.

Eventuais débitos de campanha não quitados até a data fixada para a apresentação da prestação de contas podem ser assumidos pelo partido político. Em caso de doações financeiras recebidas em desacordo com as regras previstas na Resolução nº 23.607/2019 e alterações subsequentes, o candidato deverá providenciar a devida restituição ou, se não for possível a identificação, devem ser consideradas de origem não identificada e recolhidas ao Tesouro Nacional, por meio de Guia de Recolhimento da União.

15.3. APLICAÇÃO DOS RECURSOS

(a) Limite de Gastos

O limite de gastos nas campanhas dos candidatos às eleições para Prefeito e Vereador será aquele fixado e divulgado pela Presidência do Tribunal Superior Eleitoral até 20 de julho do ano das eleições.

Nas campanhas para segundo turno das eleições para Prefeito, onde houver, o limite de gastos de cada candidato será de 40% (quarenta por cento) do limite previsto para o 1º turno.

Os limites de gastos para cada eleição compreendem os gastos realizados pela candidata ou pelo candidato e os efetuados por partido político que possam ser individualizados, na forma do art. 20, II, desta Resolução, e incluirão:

> I - o total dos gastos de campanha contratados pelas candidatas ou pelos candidatos;
>
> II - as transferências financeiras efetuadas para outros partidos políticos ou outras candidatas ou outros candidatos; e
>
> III - as doações estimáveis em dinheiro recebidas.

Não estão sujeitos a limites os gastos que possam impor dificuldade ao exercício da ampla defesa e que envolvam serviços advocatícios e de contabilidade referentes à consultoria, assessoria e honorários, relacionados à prestação de serviços em campanhas eleitorais e em favor destas, bem como em processo judicial decorrente de defesa de interesses de candidato ou partido político.

No que se refere à realização de **gastos eleitorais para contratação direta ou terceirizada de pessoal** para prestação de serviços referentes a atividades de militância e mobilização de rua nas campanhas eleitorais, observará os seguintes limites:

- em municípios com até 30 mil eleitores, não excederá a 1% (um por cento) do eleitorado;
- nos demais municípios e no Distrito Federal, corresponderá ao número máximo apurado no inciso I, acrescido de uma contratação para cada mil eleitores que excederem o número de 30 mil.

Acresça-se, ainda, o seguinte:

- para a aferição dos limites, serão consideradas e somadas as contratações diretas e indiretas realizadas pelo candidato a Prefeito e as que eventualmente tenham sido realizadas pelo respectivo candidato a vice;
- a contratação de pessoal por partidos políticos limitar-se-á ao somatório dos limites dos cargos em que tiverem candidato concorrendo à eleição; e
- são excluídos dos limites fixados a militância não remunerada, pessoal contratado para apoio administrativo e operacional, fiscais e delegados credenciados para trabalhar nas eleições e advogados dos candidatos ou dos partidos políticos e das coligações.

Quanto à alimentação do pessoal que presta serviços às candidaturas ou aos comitês de campanha restou estabelecido o limite de 10% (dez por cento) em relação ao total dos gastos de campanha contratados. Já no que toca ao aluguel de veículos automotores, a limitação passa a ser de 20% (vinte por cento).

Gastar recursos além dos limites estabelecidos sujeita os responsáveis ao pagamento de multa no valor equivalente a 100% (cem por cento) da quantia que exceder o limite estabelecido, a qual deverá ser recolhida no prazo de 5 dias úteis contados da intimação da decisão judicial, sem prejuízos de outras sanções cabíveis.

(b) Gastos Eleitorais

Gasto eleitoral é a remuneração ou gratificação de qualquer espécie paga a quem prestar serviço às candidaturas.

Os gastos eleitorais podem ser efetuados por meio de: cheque nominal cruzado, transferência bancária que identifique o beneficiário e pix, sendo vedo moedas virtuais e cartões pré-pagos.

De acordo com esse conceito são gastos eleitorais, sujeitos a registro e aos limites fixados:

- confecção de material impresso de qualquer natureza e tamanho, observada a dimensão máxima de 50 (cinquenta) centímetros por 40 (quarenta) centímetros;
- propaganda e publicidade por qualquer meio de divulgação, destinada a conquistar votos;
- aluguel de locais para a promoção de atos de campanha eleitoral;
- transporte de candidato e de pessoal a serviço das candidaturas;
- correspondências e despesas postais;
- comitês de campanha e serviços necessários às eleições;

- remuneração ou gratificação a prestadores de serviços;
- montagem e operação de carros de som;
- comícios ou eventos;
- programas de rádio, televisão ou vídeo;
- pesquisas ou testes pré-eleitorais;
- criação de páginas na internet e impulsionamento de conteúdos, inclusive a priorização paga de conteúdos resultantes de aplicações de busca na Internet;
- multas aplicadas, até as eleições, às candidatas ou aos candidatos e partidos políticos por infração do disposto na legislação eleitoral;
- doações para outros partidos políticos ou outras candidatas ou outros candidatos;
- produção de *jingles*, vinhetas e *slogans* para propaganda eleitoral.
- despesas com consultoria, assessoria e pagamento de honorários realizadas em decorrência da prestação de serviços advocatícios e de contabilidade no curso das campanhas eleitorais.
- As despesas com consultoria, assessoria e pagamento de honorários realizadas em decorrência da prestação de serviços advocatícios e de cotabilidade não serão incluídas no limite de gastos de campanha.

Não são considerados gastos eleitorais, não se sujeitam à prestação de contas e não podem ser pagos com recursos da campanha as seguintes despesas de natureza pessoal do candidato:

- combustível e manutenção de veículo automotor usado pelo candidato na campanha;
- remuneração, alimentação e hospedagem do condutor do veículo;

- alimentação e hospedagem própria;
- uso de linhas telefônicas registradas em seu nome como pessoa física, até o limite de três linhas.

Os gastos com combustível serão considerados gastos eleitorais quando apresentados os documentos ficais relativos às despesas com veículos em eventos de carreatas (até o limite de 10 litros e com a obrigação de informar a Justiça Eleitoral 24 hs antes da realização) e para serviços de campanha, decorrentes de locação ou cessão temporária, desde que os veícululo sejam declarados na prestação de contas e condicionado à apresentação de relatório do qual conste o volume e o valor do combustível[1].

Vale reforçar, ainda, que os bens e serviços entregues ou prestados ao candidato que não representam *gastos*, mas que caracterizam *doação*, sujeitam-se às já mencionadas regras que tratam das *doações estimáveis em dinheiro*.

Todo material de campanha eleitoral impresso deverá conter o número de inscrição no CNPJ ou o número de inscrição no CPF do responsável pela confecção e de quem a contratou, bem como a respectiva tiragem.

Além de conter regras especiais referentes ao limite de gastos, as despesas com pessoal devem ser detalhadas com a identificação integral dos prestadores de serviço, dos locais de trabalho, das horas trabalhadas, da especificação das atividades executadas e da justificativa do preço contratado.

Por fim, quanto às datas, os gastos de campanha por partido político ou candidato somente poderão ser efetivados a partir da data da realização da respectiva convenção partidária, desde que efetivada a abertura da conta bancária, de acordo com as regras já mencionadas. Ademais, nos termos já

---

1. O combustível utilizado nos geradores de energia, decorrentes da locação temporária comprovada na prestação de contas, também são considerados gastos eleitorais, desde que apresentado relatório final do qual conste o volume e valor.

descritos no tópico da arrecadação, partidos políticos e candidatos podem arrecadar recursos e contrair obrigações até o dia da eleição.

(c) Recibo Eleitoral

Os recibos eleitorais são documentos oficiais que legitimam a arrecadação de recursos em campanha eleitoral, seja qual for a natureza do recurso (financeiro ou estimável em dinheiro), ainda que do próprio candidato.

Eles devem ser emitidos concomitantemente ao recebimento da doação, inclusive no caso de estimáveis em dinheiro para a campanha eleitoral, e por meio da Internet.

As doações financeiras devem ser comprovadas, obrigatoriamente, por meio de documento bancário que identifique o CPF/CNPJ dos doadores.

Os recibos eleitorais deverão ser impressos diretamente do Sistema de Prestação de Contas Eleitorais (SPCE) e emitidos em ordem cronológica concomitantemente ao recebimento da doação.

No caso das doações com cartão de crédito, o recibo eleitoral deverá ser emitido no ato da doação, devendo ser cancelado na hipótese de estorno, desistência ou não confirmação da despesa do cartão.

A emissão do recibo eleitoral não é necessária:

- na cessão de bens móveis, limitada ao valor de R$ 4.000,00 por cedente;
- nas doações estimáveis em dinheiro entre candidatos ou partidos políticos decorrentes do uso comum[2] tanto de sedes quanto de materiais de propaganda, cujo

2. Considera-se uso comum de sede o compartilhamento de idêntico espaço físico para atividades de campanha eleitoral, compreendidas a doação estimável re-

gasto deverá ser registrado na prestação de contas do responsável pelo pagamento de despesa;

- cessão de automóvel de propriedade do candidato, do cônjuge e de seus parentes até o terceiro grau para seu uso pessoal durante a campanha.

As hipóteses de dispensa do recibo eleitoral não afastam a obrigatoriedade de serem registrados na prestação de contas dos doadores e na de seus beneficiários.

Em caso de arrecadação de campanha realizada pelo vice, devem ser utilizados os recibos eleitorais do titular.

---

ferente à locação e manutenção do espaço físico, excetuada a doação estimável referente às despesas com pessoal.

Considera-se uso comum de materiais de propaganda eleitoral: a produção conjunta de materiais publicitários impressos, observado o disposto no art. 38, § 2º, da Lei nº 9.504/1997.

16

PRESTAÇÃO DE CONTAS

Maria Fernanda P. Toledo Waissman

A prestação de contas é o procedimento contábil, na forma disciplinada na lei eleitoral, no qual são arrolados o valor e a origem dos recursos arrecadados na campanha eleitoral, bem como os gastos eleitorais, registrados por item, que foram pagos pela conta bancária específica aberta para registrar todos os recursos movimentados durante a campanha.

A candidata ou candidato que expressamente renunciar à candidatura, dela desistir, for substituído ou tiver seu registro indeferido deverá prestar contas correspondente ao período em que participou do processo eleitoral, ainda que não tenha realizado campanha.

Aliás, a ausência de movimento de recursos de campanha, mesmo que não financeiros, não isenta o candidato do dever de prestar contas à Justiça Eleitoral.

A prestação de contas deve ser assinada pelo candidato, pelo administrador financeiro, se constituído, e pelo profissional habilitado em contabilidade, sendo obrigatória a constituição de advogado para a prestação de contas perante a Justiça Eleitoral.

Caso o candidato realize a administração financeira de sua campanha por intermédio de pessoa por ele designada será solidariamente responsável, juntamente com o profissional de contabilidade, pela veracidade das informações financeiras e contábeis de sua campanha.

16.1. PRAZOS PARA PRESTAÇÃO DE CONTAS

Por meio do Sistema de Prestação de Contas Eleitorais – SPCE estão obrigados a prestar contas durante a campanha à Justiça Eleitoral, os candidatos e os partidos políticos. A prestação de contas da federação corresponderá àquela apresentada à Justiça Eleitoral pelos partidos que a integram e em todos os níveis de direção partidária.

O envio das informações relativas à arrecadação/gastos deve ser feito quase **simultaneamente** à sua realização.

Com efeito, os dados relativos aos recursos financeiros recebidos para financiamento de campanha eleitoral deverão ser encaminhados em até **72 (setenta e duas) horas** contadas do recebimento[1].

Na verdade, o objetivo da Justiça Eleitoral é fazer uma fiscalização concomitante durante todo o processo eleitoral. É o que disciplina os arts. 89 a 94 da Resolução nº 23.607/19.

No prazo estipulado no calendário eleitoral – 09 à 13 de setembro de 2024deverá ser encaminhada a **prestação de contas parcial** que deve conter: ***(i)*** a indicação dos nomes, do CPF das pessoas físicas doadoras ou do CNPJ dos partidos políticos ou dos candidatos doadores; ***(ii)*** a especificação dos respectivos valores doados; ***(iii)*** a identificação dos gastos realizados, com detalhamento dos fornecedores; e ***(iv)*** a indicação do advogado com o devido instrumento de mandato.

A prestação de contas do 1º e 2º turno das eleições deverão ser enviadas, pelo sistema SPCE, respectivamente nas até os dias 05 e 11 de novembro de 2024.

Iniciado o prazo para apresentação das contas finais, não admitida a retificação das contas parciais e qualquer alteração

1. Considerando-se data de recebimento a de efetivo crédito nas contas bancárias de campanha, sempre que a arrecadação for realizada por cartão de crédito ou mecanismo de financiamento coletivo.

deve ser feia por retificação das contas finais, com apresentação de nota explicativa.

O relatório financeiro de campanha será disponibilizado pelo Tribunal Superior Eleitoral na sua página na internet em até 48 (quarenta e oito) horas, ocasião em que poderão ser divulgados também os gastos eleitorais declarados, bem como as doações estimáveis em dinheiro.

A não apresentação tempestiva da prestação de contas parcial ou a sua entrega de forma que não corresponda à efetiva movimentação de recursos caracteriza infração grave, salvo justificativa acolhida pela Justiça Eleitoral, a ser apurada na oportunidade do julgamento da prestação de contas final.

O recibo de entrega da prestação de contas somente será emitido após o recebimento da mídia eletrônica com os documentos exigidos pelo TSE e havendo dúvida sobre a idoneidade do documento ou sobre a execução do objeto, a Justiça Eleitoral poderá exigir a apresentação de elementos probatórios adicionais que comprovem a entrega dos produtos contratados ou a efetiva prestação dos serviços declarados.

As informações enviadas à Justiça Eleitoral somente podem ser retificadas com a apresentação de justificativa que seja aceita pela autoridade judicial e, no caso da prestação de contas parcial, mediante a apresentação de prestação retificadora.

A unidade técnica, nos Tribunais, e o chefe de cartório, nas zonas eleitorais, instruirão os autos com os extratos eletrônicos encaminhados à Justiça Eleitoral, com as informações relativas ao recebimento de recursos do Fundo Partidário, do Fundo Especial de Financiamento de Campanhas, de fonte vedada e/ou de origem não identificada e com os demais dados disponíveis.

O candidato com prestação de contas parcial já autuada será intimado pelo mural eletrônico[2], até a diplomação dos eleitos e, após, pelo Diário da Justiça Eleitoral Eletrônico, para, no prazo de 3 (três) dias, prestar as contas finais; o omisso será citado para prestar as contas no prazo de 3 (três) dias.

Ressalta-se que, até 180 dias após a diplomação, os candidatos ou partidos conservarão a documentação concernente a suas contas e estando pendente de julgamento qualquer processo judicial relativo às contas, a documentação a elas concernente deverá ser conservada até a decisão final.

A ausência de informações sobre o recebimento de recursos financeiros deve ser examinada de acordo com a quantidade e os valores envolvidos na oportunidade do julgamento da prestação de contas, podendo levar à sua desaprovação.

16.2. ELABORAÇÃO E APRESENTAÇÃO DAS CONTAS

A prestação de contas, ainda que não haja movimentação de recursos financeiros ou estimáveis em dinheiro, deve ser composta das seguintes informações e documentos:

INFORMAÇÕES
• Qualificação do candidato/partido/responsáveis/contador/advogado
• Recibos eleitorais
• Recursos arrecadados
• Receitas estimáveis em dinheiro
• Doações efetuadas a partidos/candidatos
• Transferências financeiras
• Receitas e despesas

2. Na hipótese de impossibilidade técnica de utilização do mural eletrônico, oportunamente certificada, as intimações serão realizadas sucessivamente, por mensagem instantânea, por e-mail e por correspondência.

• Sobras ou dívidas de campanha
• Gastos individuais dos candidatos/partidos
• Gastos realizados pelo partido em favor do candidato.
• Comercialização de bens/serviços e realização de eventos
• Conciliação bancária

DOCUMENTOS
• Extratos das contas bancárias.
• Comprovantes de recolhimento das sobras financeiras de campanha.
• Documentos fiscais que comprovem a regularidade dos gastos eleitorais realizados com recursos do Fundo Partidário e do FEFC.
• Declaração firmada pela direção partidária comprovando o recebimento das sobras de campanha.
• Autorização do órgão nacional de direção partidária, na hipótese de assunção de dívida pelo partido político, caso não tenha sido apresentado na prestação de contas parcial.
• Instrumento de mandato para constituição de advogado para a prestação de contas.
• Comprovantes bancários de devolução dos recursos recebidos de fonte vedada ou guia de recolhimento ao Tesouro Nacional dos recursos provenientes de origem não identificada.
• Outras notas explicativas, com as justificações pertinentes.

16.2.1. Observações quanto às informações

Quanto aos recursos arrecadados, devem ser identificadas as doações recebidas (financeiras ou estimáveis em dinheiro) e os oriundos da comercialização de bens e da promoção de eventos. Deve haver correspondência entre o número do CPF/CNPJ do doador registrado na prestação de contas e aquele constante do extrato eletrônico da conta bancária.

No que se refere às doações estimáveis em dinheiro, elas devem ser comprovadas por meio de:

- avaliação do bem ou do serviço doado mediante a comprovação dos preços habitualmente praticados pelo doador e a sua adequação aos praticados no mercado, com indicação da fonte de avaliação;
- documento fiscal ou, quando dispensado, comprovante emitido em nome do doador ou instrumento de doação, quando se tratar de doação de bens de propriedade do doador pessoa física em favor de candidato ou partido político;
- instrumento de cessão e comprovante de propriedade do bem cedido pelo doador, quando se tratar de bem cedido temporariamente ao candidato ou ao partido político; e
- instrumento de prestação de serviços, quando se tratar de produto de serviço próprio ou atividade econômica prestada por pessoa física em favor de candidato ou partido político.

Ademais, devem ser incluídas as receitas estimáveis em dinheiro com as informações relativas:

- ao bem recebido, quantidade, valor unitário e avaliação pelos preços praticados no mercado, com a identificação da fonte de avaliação; e
- ao serviço prestado, com a avaliação realizada em conformidade com os preços habitualmente praticados pelo prestador, sem prejuízo da apuração dos preços praticados pelo mercado, caso o valor informado seja inferior a esse.

Por fim, cumpre destacar que constituem **sobras de campanha**:

> (i) a diferença positiva entre os recursos financeiros arrecadados e os gastos financeiros realizados em campanha;
>
> (ii) os bens e materiais permanentes adquiridos ou recebidos durante a campanha até a data da entrega das prestações de contas

de campanha; e (iii) os créditos contratados e não utilizados relativos a impulsionamento de conteúdos, conforme o disposto no art. 35, § 2º, da Resolução nº 23.607/2019.

Os bancos deverão efetuar a transferência do saldo financeiro para o órgão diretivo do partido político da circunscrição da eleição, que será o exclusivo responsável pela identificação desses recursos, sua utilização, contabilização e prestação de contas à Justiça Eleitoral.

16.2.2. Observações quanto aos documentos

Devem constar todos os extratos das contas bancárias abertas em nome do candidato e do partido político, inclusive da conta aberta para movimentação de recursos do Fundo Partidário e daquela aberta para movimentação de recursos do Fundo Especial de Financiamento de Campanha (FEFC), quando for o caso, demonstrando a movimentação financeira ou sua ausência, em sua forma definitiva, contemplando todo o período de campanha, vedada a apresentação de extratos sem validade legal, adulterados, parciais ou que omitam qualquer movimentação financeira[3].

A comprovação dos gastos eleitorais deve ser realizada por meio de documento fiscal idôneo emitido em nome do candidato, sem emendas ou rasuras, devendo conter a data da emissão, a descrição detalhada, o valor da operação e identificação do emitente e do destinatário ou dos contratantes pelo nome ou razão social, CPF ou CNPJ e endereço.

Lembre-se que a comprovação dos gastos eleitorais com material de campanha impresso deve indicar no corpo do documento fiscal as dimensões do material produzido.

---

3. A conciliação bancária, com os débitos e os créditos ainda não lançados pela instituição bancária, deve ser apresentada quando houver diferença entre o saldo financeiro do demonstrativo de receitas e despesas e o saldo bancário registrado em extrato, de forma a justificá-la.

As sobras de campanhas eleitorais devem ser transferidas ao órgão partidário, na circunscrição do pleito, conforme a origem dos recursos e a filiação partidária do candidato, até a data prevista para a apresentação das contas à Justiça Eleitoral[4].

O comprovante de transferência das sobras de campanha deve ser juntado à prestação de contas do responsável pelo recolhimento, sem prejuízo dos respectivos lançamentos na contabilidade do partido político.

16.2.3. Considerações adicionais

A Justiça Eleitoral, com a apresentação das contas finais, disponibilizará as informações que a integram, bem como extratos eletrônicos encaminhados, na página do TSE, na Internet, e determinará a imediata publicação de edital para que qualquer candidato, partido político (ou coligação), o Ministério Público, bem como qualquer outro interessado, possa impugná-las no prazo de 3 (três) dias.

A impugnação deve ser formulada em petição fundamentada dirigida ao Juiz Eleitoral, relatando fatos e indicando provas, indícios e circunstâncias.

O Cartório Eleitoral fará sua autuação em separado e notificará imediatamente o candidato ou órgão partidário, encaminhando-lhe a cópia da impugnação e dos documentos que a acompanham, para manifestação no prazo de 3 dias.

Apresentada ou não a manifestação do impugnado será encaminhado os autos ao Ministério Público Eleitoral para ciência.

Ficam dispensados de comprovação na prestação de contas:

4. As sobras financeiras de recursos oriundos do Fundo Partidário devem ser transferidas para a conta bancária do partido político destinada à movimentação de recursos dessa natureza.

- a cessão de bens móveis, limitada ao valor de R$ 4.000,00 por cedente;
- as doações estimáveis em dinheiro entre candidatos ou partidos políticos decorrentes do uso comum[5] tanto de sedes quanto de materiais de propaganda, cujo gasto deverá ser registrado na prestação de contas do responsável pelo pagamento de despesa; e
- a cessão de automóvel de propriedade do candidato, do cônjuge e de seus parentes até o terceiro grau para seu uso pessoal durante a campanha.

16.3. DA PRESTAÇÃO DE CONTAS SIMPLIFICADA

Nas eleições em municípios com menos de 50 mil eleitores, a prestação de contas será feita sempre pelo sistema simplificado.

Também será simplificada a prestação de contas para candidatos que apresentem movimentação financeira (total das despesas contratadas e registradas na prestação de contas) correspondente, no máximo, de R$ 20.000,00, valor fixado pela Lei nº 13165/2015, atualizado monetariamente a cada eleição pelo INPC da Fundação IBGE ou por índice que o substituir.

A prestação de contas simplificada será composta exclusivamente pelas informações prestadas diretamente no Sistema de Prestação de Contas Eleitorais – SPCE e pelos seguintes documentos:

- extratos da conta bancária em nome do candidato;

---

5. Considera-se uso comum de sede o compartilhamento de idêntico espaço físico para atividades de campanha eleitoral, compreendidas a doação estimável referente à locação e manutenção do espaço físico, excetuada a doação estimável referente às despesas com pessoal.

   Considera-se uso comum de materiais de propaganda eleitoral: a produção conjunta de materiais publicitários impressos, observado o disposto no art. 38, § 2º, da Lei nº 9.504/1997.

- comprovante de recolhimento das sobras financeiras de campanha;
- declaração firmada pela direção partidária do recebimento das sobras de campanha; e
- transferência financeira de recursos entre o partido
- político e seu candidato, e vice-versa.

A análise técnica de prestação de contas simplificada será

realizada de forma informatizada, com o objetivo de detectar:

- recebimento direito ou indireto de fontes vedadas;
- recebimento de recursos de origem não identificada;
- extrapolação dos limites de gastos;
- omissão de receitas e gastos eleitorais;
- não identificação de doadores originários, nas doações recebidas de outros prestadores de contas.

16.4. JULGAMENTO DAS CONTAS

Caberá à Justiça Eleitoral verificar a regularidade das contas de campanha e a decisão que julgar as contas dos candidatos eleitos será publicada em sessão até três dias antes da diplomação. A Justiça Eleitoral, na prestação de contas, pode requisitar diretamente, ou por delegação, informações adicionais, bem como determinar diligências específicas para a complementação dos dados ou saneamento das falhas. Na hipótese de ser determinada a diligência, decorrido o prazo do seu cumprimento, com ou sem manifestação, acompanhados ou não de documentos, os autos serão remetidos para o responsável pela análise técnica para emissão de parecer conclusivo acerca das contas.

Nas diligências determinadas, a Justiça Eleitoral deverá privilegiar a oportunidade de o interessado sanar, tempestivamente, e quando possível, as irregularidades e impropriedades verificadas, identificando de forma específica e individualizada as providências a serem adotadas e seu objetivo.

Os erros formais e materiais corrigidos ou tidos como irrelevantes no conjunto da prestação de contas não ensejam sua desaprovação

Na hipótese de erro material, detectado antes do pronunciamento técnico, é permitida a retificação da prestação de contas, bem como na hipótese de cumprimento de diligência que importar na alteração das informações inicialmente apresentadas

Emitido parecer técnico conclusivo pela existência de irregularidades e/ou impropriedades sobre as quais não se tenha dado oportunidade específica de manifestação ao prestador de contas, a Justiça Eleitoral intima-lo-á para, querendo, manifestar-se no prazo de 3 (três) dias contados da intimação, podendo ser excepcionalmente dilatado no caso de justo motivo demonstrado nos autos de prestação de contas.

A Justiça Eleitoral verificará a regularidade das contas, decidindo:

- **pela aprovação**, quando estiverem regulares;
- **pela aprovação com ressalvas**, quando verificadas falhas que não lhes comprometam a regularidade;
- **pela desaprovação**, quando constatadas falhas que comprometam a sua regularidade; e
- **pela não prestação**, quando não apresentadas as contas após notificação, os responsáveis permanecerem omissos ou suas justificativas não forem aceitas[6].

6. A ausência parcial dos documentos das informações ou não atendimento das diligências determinadas não enseja o julgamento das contas como não prestadas

A aprovação com ressalvas da prestação de contas não obsta que seja determinada a devolução dos recursos recebidos de fonte vedada ou a sua transferência para a conta única do Tesouro Nacional, assim como dos recursos de origem não identificada.

Sem prejuízos das infrações às normas legais, apuráveis em processos específicos, a decisão que julgar as contas eleitorais como não prestadas acarreta as seguintes consequências:

- ao candidato, o impedimento de obter a certidão de quitação eleitoral até o fim da legislatura, persistindo os efeitos da restrição após esse período até a efetiva apresentação das contas;
- ao partido político: a) a perda do direito ao recebimento da quota do Fundo Partidário, do Fundo Especial de Financiamento de Campanha; e b) a suspensão do registro ou anotação do órgão partidário, após decisão, com trânsito em julgado, precedida de processo regular que assegure ampla defesa.

A inobservância do prazo para o encaminhamento das prestações de contas impede a diplomação dos eleitos enquanto perdurar a omissão.

A Justiça Eleitoral divulgará na página do TSE, na internet, os nomes dos candidatos que não apresentarem as contas de suas campanhas.

16.5. DOS RECURSOS

Da decisão do Juiz Eleitoral que julgar as contas, cabe recurso para o TRE, no prazo de 3 (três) dias contados da publicação no DJE.

---

se os autos contiverem elementos mínimos que permitam a análise da prestação de contas.

Caso se trate de decisão proferida no primeiro grau, o prazo recursal conta-se a partir da publicação em cartório.

Na hipótese do julgamento das prestações de contas dos candidatos eleitos, o prazo recursal é contado da publicação em sessão do acórdão prolatado pelo TRE. Do acórdão do TRE cabe recurso especial para o TSE, no prazo de 3 dias contados da publicação no DJE.

As decisões do TSE são irrecorríveis, salvo se contrariarem a Constituição Federal.

16.6. AÇÃO DE INVESTIGAÇÃO JUDICIAL (AIJE) POR CAPTAÇÃO OU GASTOS ILÍCITOS DE RECURSOS NA CAMPANHA ELEITORAL

Com assento no art. 30-A da Lei das Eleições, qualquer partido político ou coligação poderá representar à Justiça Eleitoral, no prazo de 15 (quinze) dias da diplomação, relatando fatos e indicando provas, e pedir a abertura de investigação judicial para apurar condutas em desacordo com as normas desta Lei, relativas à arrecadação e gastos de recursos..

A matéria foi objeto de exame no Capítulo 15, ao qual remetemos o leitor.

17

CONDUTAS VEDADAS AOS AGENTES PÚBLICOS EM CAMPANHA ELEITORAL

Marino Pazzaglini Filho

A Lei nº 9.504/97, Lei das Eleições, elenca uma série de condutas vedadas a agentes públicos, servidores ou não, na campanha eleitoral (arts. 73 e 78), que estão descritas no capítulo V da Resolução TSE 23.735, que dispõe sobre os ilícitos eleitorais. **A proibição tem por fulcro principal preservar a isonomia, a igualdade de oportunidades entre os candidatos nos pleitos eleitorais, a legitimidade do processo eleitoral e a probidade administrativa no seu transcorrer.**

O conceito de agente público, para o efeito de incidência dessa norma eleitoral, é abrangente:

> *"Reputa-se agente público para os efeitos deste artigo, quem exerce, ainda que transitoriamente ou sem remuneração, por eleição, nomeação, designação, contratação ou qualquer outra forma de investidura ou vínculo, mandato, cargo, emprego ou função nos órgãos ou entidades da administração pública direta, indireta, ou fundacional."* (art. 73, § 1°)

Contempla, pois, todas as pessoas físicas que, de qualquer modo, com ou sem vínculo empregatício, definitiva ou transitoriamente, exerçam função pública ou de interesse público, nos órgãos e entidades das administrações direta, indireta e fundacional dos entes da Federação, nos Poderes Judiciário e Legislativo, no Ministério Público e nos Tribunais de Contas.

Alcança, assim, os agentes públicos, com mandato ou não, os servidores públicos, em todas as suas categorias, ou seja, servidores estatutários (titulares de cargos públicos efetivos ou em comissão), empregados públicos (ocupantes de cargos ou empregos na administração indireta e fundacional), servidores temporários (contratados por tempo determinado), servidores militares e os particulares em colaboração com o Poder Público (p. ex. integrantes de mesa receptora de votos nas eleições e administradores de concessionárias ou permissionárias de obras e serviços públicos).

A prática de conduta vedada acarretará, quando for o caso, a sua suspensão e sujeitará os responsáveis a multa no valor de R$ 5.320,50 a R$ 106.410,00, que será duplicada a cada reincidência, bem como poderá sujeitar o candidato beneficiado, agente público ou não, a cassação do registro ou diploma.

A prática de conduta vedada é aferida objetivamente, dispensando a comprovação do dolo ou culpa do agente público infrator.

Na sua configuração, não será considerada a potencialidade da conduta vedada em alterar o resultado do pleito, mas apenas a gravidade das circunstâncias para caracterizá-la.

No entanto, **a prática de conduta vedada não conduz à cassação do registro ou diploma quando a multa for suficiente à sua reprimenda**.

A representação contra a prática de conduta vedada será apurada mediante o procedimento previsto no art. 22 da LC nº 64/90, referente à ação de investigação judicial eleitoral – AIJE, e poderá ser ajuizada até a data da diplomação dos eleitos.

Passamos agora a analisar as condutas vedadas aos agentes públicos, arroladas nas normas eleitorais, tendentes a afetar a igualdade de oportunidades entre candidatos nas eleições municipais.

17.1 USO INDEVIDO DE BENS MÓVEIS E IMÓVEIS PÚBLICOS

É vedada a cessão ou uso, em benefício de candidato, bem como de partidos políticos e coligação, de bens públicos, móveis ou imóveis.

Essa vedação alcança todos os bens públicos, de qualquer natureza, pertencente à Administração direta ou indireta (autarquias, empresas públicas, sociedades de economia mista e fundações instituídas ou mantidas pelo Poder Público) da União, dos Estados ou dos Municípios.

Nessa proibição está incluído o uso de veículos, de gráficas e de prédios pertencentes ao Poder Público.

Constitui exceção a esta regra, a utilização pelos partidos de prédio público para a realização de convenções municipais destinadas a escolher seus candidatos.

17.2 USO EXCESSIVO DE MATERIAIS E SERVIÇOS PÚBLICOS

É proibida a utilização exorbitante, ou seja, que exceda as prerrogativas consignadas nos regimentos e normas dos órgãos que integram, **de materiais e serviços custeados pelos governos ou casas legislativas**, tais como serviços gráficos, combustível e tarifas postais.

17.3 UTILIZAÇÃO DE SERVIDORES PÚBLICOS EM CAMPANHA ELEITORAL

É vedado ceder servidor ou empregado da administração direta ou indireta federal, estadual ou municipal do Poder Executivo, **ou usar de seus serviços**, durante o horário de expediente normal, salvo se estiver de férias ou licenciado, **para comitês de campanha eleitoral** de candidato, partido político ou coligação.

De se ver que o Prefeito, candidato à reeleição, pode utilizar do seu horário de expediente para fazer campanha eleitoral. Isto porque o chefe de Poder não é servidor, mas agente político e, por isso, não se submete a jornada fixa de trabalho.

17.4 DISTRIBUIÇÃO GRATUITA DE BENS, VALORES OU BENEFÍCIOS

É proibido a partir de 1º de janeiro fazer ou permitir **uso promocional, em favor de candidato a Prefeito ou Verea-**

dor, de distribuição gratuita de bens ou serviços de caráter social, custeados ou subvencionados pelo Poder Público, como, por exemplo, serviços médicos, remédios e cestas básicas.

Para sua configuração, exige-se a efetiva distribuição de bens e serviços custeados pelo Poder Público, não sendo suficiente a mera divulgação de futura implementação de programa social como, v.g., promessa do Prefeito de distribuição de lotes terra aos eleitores caso seja reeleito.

Ressalte-se que o exercício regular da assistência social pelo Poder Público e os programas sociais, de cunho gratuito, não devem ter solução de continuidade. O que se proíbe é o desvio de finalidade, transformando os programas sociais em instrumentos de propaganda eleitoral, tal como a distribuição aleatória de cestas básicas.

Ademais, no ano eleitoral, fica proibida a distribuição gratuita de bens, valores ou benefícios por parte da Administração Pública, exceto nos casos de calamidade pública, de estado de emergência, como o decorrente do Covid-19, ou de programas sociais autorizados em lei e já em execução orçamentária no exercício anterior.

Registre-se que, também, a partir de **1º de janeiro**, fica vedado qualquer programa social por entidade nominalmente vinculada a candidato ou por este mantida, incluindo os autorizados em lei e já em execução orçamentária no exercício anterior.

17.5 NOMEAÇÃO, CONTRATAÇÃO, DEMISSÃO E MOVIMENTAÇÃO DE SERVIDORES PÚBLICOS

É vedado, nos 3 meses que antecedem o pleito, ou seja, a partir de 5 de julho até a posse dos eleitos, sob pena de nulidade de pleno direito, nomear, contratar, ou de qualquer forma admitir, demitir sem justa causa, suprimir ou readaptar vantagens ou por outros meios dificultar ou impedir o exercício funcional e, ainda, *ex officio*, remover, transferir ou exonerar servidor público, na circunscrição do pleito.

Constituem exceções a essa proibição:

- a nomeação ou exoneração de cargos em comissão e designação ou dispensa de funções de confiança;
- a nomeação para cargos do Poder Judiciário, do Ministério Público, dos Tribunais de Contas e dos órgãos da Presidência da República;
- a nomeação de aprovados em concursos públicos homologados até 2 de julho;
- a nomeação ou a contratação de pessoal necessário à instalação ou ao funcionamento inadiável de serviços públicos essenciais, com prévia e expressa autorização do Prefeito;
- a transferência ou remoção *ex officio* de militares, policiais civis e agentes penitenciários.

17.6 TRANSFERÊNCIAS VOLUNTÁRIAS DE RECURSOS

É proibido, também, realizar transferência voluntária de recursos da União e dos Estados aos Municípios a partir de 5 julho até a sua realização, sob pena de nulidade de pleno direito.

Transferência voluntária é repasse de recursos (correntes ou de capitais), a título de cooperação, auxílio ou assistência financeira, de um ente para outro da Federação, sem que haja obrigação constitucional ou legal.

Excetuam-se a essa regra, as transferências voluntárias, federais ou estaduais, cujos recursos se destinam a cumprir obrigação formal preexistente para a execução de obra ou serviço em andamento e com cronograma prefixado, e os destinados a atender situações de emergência (p. ex. desmoronamento de viaduto ou edifício de habitação popular) e de calamidade pública (p. ex. pandemias como a do Covid-19, furacões, inundações, terremotos).

17.7 PUBLICIDADE INSTITUCIONAL

É proibido aos agentes públicos da esfera administrativa, cujos cargos estejam em disputa na eleição, autorizar e veicular, também a partir de 5 de julho, publicidade institucional de atos, programas, obras, serviços e campanhas dos órgãos públicos ou das respectivas entidades da administração indireta.

Além disso, no mesmo período, é vedada, em obras públicas, a manutenção de placas que possuam expressões ou símbolos identificadores da administração do Candidato.

Essa vedação não se aplica a propaganda de produtos e serviços que tenham concorrência no mercado; nem, tampouco, em grave e urgente necessidade pública, assim reconhecida pela Justiça Eleitoral, como campanhas de vacinação e de racionamento de água.

A publicidade dos atos, programas, obras, serviços e campanhas dos órgãos públicos, a teor de norma constitucional, deve ter caráter educativo, informativo ou de orientação social, dela não podendo constar nomes, símbolos ou imagens que caracterizem promoção pessoal de autoridades ou de servidores públicos (art. 37, § 1º da CF).

A inserção, na propaganda oficial do governo, de marcas pessoais do governante, caracteriza promoção pessoal e constitui violação do princípio constitucional da impessoalidade, o que eventualmente pode configurar improbidade administrativa.

17.8 PRONUNCIAMENTO EM CADEIA DE RÁDIO E TELEVISÃO

É proibido, também, **no mesmo período, fazer pronunciamento, em cadeia de rádio e televisão, fora do horário eleitoral gratuito**, salvo quando, a critério da Justiça Eleitoral, tratar-se de matéria urgente, relevante e característica das funções de governo.

17.9 DESPESAS EXCESSIVAS COM PUBLICIDADE INSTITUCIONAL

A matéria abordada no Item 17.7.

17.10 REVISÃO GERAL DA REMUNERAÇÃO DOS SERVIDORES PÚBLICOS

É vedado fazer, na circunscrição do pleito, nos 180 dias que antecedem a eleição até a posse dos eleitos, **revisão geral da remuneração dos servidores públicos que exceda a recomposição da perda do seu poder aquisitivo** ao longo do ano da eleição, ou seja, aumento real de vencimentos ou salários.

17.11 INAUGURAÇÃO DE OBRA PÚBLICA

É proibido a qualquer candidato comparecer, nos 3 meses que antecedem o pleito, a inaugurações de obras públicas.

A desobediência sujeita o candidato infrator à cassação do registro ou do diploma.

Não são proibidas as inaugurações em si mesmas, mas sua utilização indevida em prol de candidato.

Assinale-se, por último, que neste período, na realização de inaugurações, é vedada a contratação de shows artísticos pagos com recursos públicos.

18

REPRESENTAÇÕES E RECLAMAÇÕES

Marino Pazzaglini Filho

A representação é o instrumento do processo eleitoral apto à apuração do descumprimento da Lei das Eleições, que não se insira no âmbito de competência peculiar da Ação de Investigação Eleitoral - AIJE.

A representação poderá ser formulada por qualquer partido político, coligação, candidato e pelo Ministério Público, sendo utilizada, em especial, para denunciar propaganda irregular e condutas vedadas em campanha eleitoral.

18.1 REPRESENTAÇÃO POR PROPAGANDA IRREGULAR

As representações alusivas à propaganda eleitoral somente podem ser ajuizadas até a data da eleição, inclusive, sob pena de não serem conhecidas por falta de interesse de agir processual.

As representações referentes à propaganda irregular devem ser instruídas, sob pena de não conhecimento, com prova da autoria ou do prévio conhecimento do beneficiário, caso este não seja por ela responsável.

A responsabilidade do candidato estará demonstrada no caso dele ser intimado da existência de propaganda irregular e não providenciar, no prazo de 2 dias, sua retirada ou regularização. E, ainda, se as circunstâncias e as peculiaridades do caso representado revelarem a impossibilidade de o beneficiário não ter conhecimento da existência da propaganda irregular.

As petições e recursos relativos às representações serão admitidos, sempre que possível, por meio eletrônico.

No caso de propaganda irregular no rádio e na televisão, a petição inicial há de ser instruída com a informação do dia e do horário em que foi exibida e com a respectiva transcrição da mesma.

Na hipótese de manifestação em ambiente de Internet, com a identificação do endereço de postagem e prova de que o representado é provedor da aplicação de internet ou seu autor.

A Justiça Eleitoral, recebida a petição inicial, providenciará a imediata citação do representado ou do seu advogado preferencialmente por meio eletrônico, para que o representado regularize ou remova a propaganda irregular e apresente defesa no prazo de **2 dias.**

Em havendo pedido de tutela provisória, os autos serão, primeiramente, conclusos ao Juiz Eleitoral, que proferirá decisão liminar, cujo teor acompanhará o instrumento de citação.

As intimações das partes nas representações de propaganda irregular e nos pedidos de direito de resposta, no período de 26 de setembro a 18 de dezembro, serão realizadas pelo mural eletrônico, fixando-se o termo inicial do prazo na data da publicação.

Na impossibilidade técnica de sua utilização, oportunamente certifica da, as intimações serão realizadas, sucessivamente, por mensagem instantânea, por e-mail e por correspondência.

Das intimações realizadas pelo mural eletrônico devem constar a identificação das partes e, quando constituídos, dos advogados.

De se observar, que esse tipo de intimação não se aplica aos acórdãos do Tribunal Regional Eleitoral que, no período acima, serão publicados na sessão de julgamento, passando a correr desta data o prazo recursal.

Os dias de começo e do vencimento do prazo serão prorrogados para o primeiro dia seguinte se coincidir com o dia em que o expediente forense for encerrado antes ou iniciado depois do horário normal ou houver indisponibilidade de comunicação eletrônica.

As comunicações processuais serão feitas, das 10 às 19h, e as decisões de concessão de tutela provisória das 8 às 24 horas, salvo se a Justiça Eleitoral determinar que seja feita em horário diverso.

Apresentada a defesa ou decorrido o prazo de **2 dias**, o processo é encaminhado ao Ministério Público Eleitoral, quando estiver atuando exclusivamente como fiscal da lei eleitoral, para parecer no prazo de **1 dia**, findo o qual, com ou sem parecer, será imediatamente devolvido ao Juiz Eleitoral, que, por sua vez, decidirá e fará publicar a decisão em **1 dia**.

Na sentença que julgar procedente a representação sobre propaganda irregular deve ser indicado, de modo preciso, o que na propaganda impugnada deverá ser esclarecido ou substituído.

Contra a sentença proferida pela Justiça Eleitoral é cabível recurso eleitoral para o Tribunal Regional Eleitoral, no prazo de **1 dia** da publicação da decisão em cartório ou em mural eletrônico, assegurado ao recorrido o oferecimento de contrarrazões, em igual prazo, a contar de sua notificação. Oferecidas, ou não, os autos serão imediatamente encaminhados ao Tribunal Regional Eleitoral.

Do acórdão do Tribunal Regional Eleitoral pode ser interposto Recurso Especial Eleitoral no prazo de **1 dia** a contar da publicação para o Tribunal Superior Eleitoral. E, interposto, os autos serão conclusos ao Presidente do Tribunal Regional Eleitoral que, no prazo de **1 dia**, proferirá decisão fundamentada admitindo ou não o recurso. Não admitido, caberá agravo nos próprios autos para o Tribunal Superior Eleitoral, no prazo também de 1 dia.

O recurso não tem efeito suspensivo, ou seja, a decisão judicial tem eficácia imediata.

18.2 RECLAMAÇÕES

A reclamação é cabível contra a inércia ou morosidade da Justiça Eleitoral no cumprimento das normas da Lei das Eleições sempre que não houver recurso próprio.

Igualmente, contra o juiz eleitoral que descumprir as disposições relativas as representações e ao direito de resposta ou der causa a seu descumprimento, inclusive quanto aos prazos processuais, caso em que, ouvido o representado em **1 dia**, o tribunal, ordenará a observância do procedimento que explicitar, sob pena de incorrer o juiz em desobediência.

Os tribunais regionais eleitorais são competentes para apreciar as reclamações contra juízes eleitorais.

18.3 RESUMO

REPRESENTAÇÃO POR PROPAGANDA ELEITORAL IRREGULAR EM BEM PÚBLICO OU PARTICULAR

Objetivo	Interrupção da propaganda irregular e imposição de sanção pecuniária.
Causa de Pedir	Infração a norma relativa a propaganda eleitoral.
Prazo	Até a data da diplomação.
Legitimados	Candidato, Partido, Coligação ou Ministério Público Eleitoral.
Procedimento	art. 96 da Lei das Eleições.

Prova	Comprovação da propaganda irregular. E da autoria ou do prévio conhecimento do Candidato dela beneficiário.
Efeitos	Exclusão, retirada ou substituição da propaganda eleitoral irregular e aplicação de sanção pecuniária (a retirada da propaganda irregular em bem público ou de uso comum no prazo legal, com a restauração do bem, impede a aplicação da pena de multa).

19

DIREITO DE RESPOSTA

Marino Pazzaglini Filho

A **liberdade de pensamento político**, como espécie da liberdade de expressão, **é garantida por preceito constitucional fundamental**:

> "é livre a manifestação do pensamento, sendo vedado o anonimato." (art. 5º, IV, da CF)

As limitações à liberdade de expressão, por se tratar de direito fundamental hegemônico, somente podem decorrer de preceitos constitucionais expressos de igual relevância, tais como os que tutelam a honra, a imagem do ser humano e o direito de resposta.

Aliás, norma constitucional da mesma magnitude daquela que ampara a liberdade de expressão assegura:

> "*o direito de resposta, proporcional ao agravo, além da indenização por dano material, moral ou à imagem*" (art. 5º, V da CF).

Em suma, o direito de resposta é contrapeso constitucional da liberdade de informação e opinião.

No âmbito eleitoral, é assegurado o direito de resposta, a partir da escolha de candidatos em convenção, ao Candidato, ao partido ou a coligação atingida, ainda que de forma indireta, por conceito, imagem ou afirmação caluniosa, difamatória, injuriosa ou sabidamente inverídica, difundidos por qualquer veículo de comunicação social.

O direito de resposta, portanto, deve ser concedido pela Justiça Eleitoral ao candidato à eleição majoritária ou proporcional, bem assim ao partido político ou coligação, nas hipóteses em que acontecer desvirtuamento da discussão política ou propaganda eleitoral. Em outras palavras, quando das simples críticas, ainda que veementes, passa-se a agressão à pessoa do candidato (partido político ou coligação) por meio de afirmações caluniosas, difamatórias ou sabidamente mentirosas.

As contumélias, no plano da censura objetiva, de cunho impessoal, por serem rigorosamente ínsitas à disputa eleitoral, não ensejam o direito de resposta. Igualmente, não há direito de resposta se o fato considerado ofensivo é público.

A proporcionalidade constitui requisito constitucional do direito de resposta.

Vale dizer, de um lado, que **o direito de resposta deve ser proporcional ao agravo e se limita estritamente às ofensas que lhe deram causa, não podendo servir para retorsão.**

E, de outro, que a **resposta deve ser divulgada no mesmo veículo de comunicação e da mesma maneira como foi transmitida, veiculada ou escrita a ofensa que lhe deu origem.**

A legitimidade para o exercício do direito de resposta é concorrente, ou seja, é tanto do Candidato ofendido quanto do partido político ou coligação que postulou o registro de sua candidatura.

O pedido de resposta formulado por terceiro somente será conhecido, pela Justiça Eleitoral, quando relativo às ofensas veiculadas no horário eleitoral gratuito. Se tais ofensas ocorreram no curso da programação normal das emissoras de rádio e televisão, ou em órgão da imprensa escrita, a competência é da Justiça Comum.

Os pedidos de resposta devem dirigir-se ao Juiz Eleitoral encarregado da propaganda eleitoral. A representação é a forma adequada para deduzi-lo e o prazo para propô-lo no Juízo Eleitoral é exíguo e contado em horas, conforme a forma de veiculação da ofensa.

Reitere-se que os prazos relativos aos pedidos de resposta são contínuos e peremptórios e não se suspendem aos sábados, domingos e feriados.

19.1 OFENSA VEICULADA EM ÓRGÃO DA IMPRENSA ESCRITA

O **pedido de resposta** à ofensa por propagada em órgão da imprensa escrita deve ser feito pelo Candidato ofendido (partido ou coligação), **no prazo de 3 dias**, a contar da data constante da edição em que foi veiculada a ofensa.

O pedido deve ser instruído com cópia eletrônica da publicação tida por ofensiva e o texto da resposta.

O Juiz Eleitoral, deferindo o pedido, determinará a divulgação da resposta, no mesmo veículo de comunicação escrita em que foi publicada a ofensa e em edição de circulação normal, com o mesmo realce da veiculação desta (mesmo espaço, local, tamanho, caracteres tipográficos e outros elementos de destaque usado na ofensa), em até **2 dias** após a decisão, ou, na primeira oportunidade em que circular.

Por solicitação do ofendido, a divulgação da resposta será feita no mesmo dia da semana em que a ofensa foi divulgada, ainda que fora do prazo de dois dias.

Assinale-se que, caso a ofensa tenha sido produzida em dia e hora que inviabilizem sua reparação dentro do prazo acima, a Justiça Eleitoral determinará a imediata divulgação da resposta.

Por seu turno, o ofensor tem o dever de comprovar nos autos o cumprimento da decisão mediante dados sobre a regular distribuição dos exemplares, quantidade impressa e o raio de abrangência na distribuição.

19.2 OFENSA VEICULADA EM PROGRAMAÇÃO NORMAL DAS EMISSORAS DE RÁDIO E TELEVISÃO

O **pedido de resposta**, com a transcrição do trecho considerado ofensivo ou inverídico, deverá ser feito pelo Candidato ofendido, **no prazo de 2 dias**, contado a partir da veiculação da ofensa.

A Justiça Eleitoral notificará o responsável pela emissora que realizou o programa, imediatamente, para que confirme a data e horário da veiculação e entregue, em **1 dia**, cópia da mídia da transmissão, que será devolvida após a decisão judicial.

Deferido o pedido, a resposta será dada em até **2 dias** após a decisão, em tempo igual ao da ofensa, nunca inferior a um minuto.

19.3 OFENSA VEICULADA NO HORÁRIO ELEITORAL GRATUITO

Na propaganda veiculada no horário eleitoral gratuito, em rede, os fatos negativos noticiados na mídia não autorizam o direito de resposta. No debate democrático a veiculação de criticas incisivas, vigorosas e ácidas, mesmo sendo desagradáveis, não autorizam o direito de resposta. É necessário para o seu deferimento que a veiculação por qualquer meio de comunicação social, por conceito, imagem ou afirmação seja caluniosa, difamatória, injuriosa ou sabidamente.

Assinale-se que é cabível a veiculação de direito de resposta por ofensa irrogada em carro de som (RESP 22274, Caculé/BA, relator Mário Sergio S. Barros, em 24/09/2019).

O **pedido de resposta** deve ser feito **no prazo de 1 dia**, contado a partir da veiculação do programa, devendo especificar o trecho considerado ofensivo ou inverídico e ser instruído com a mídia da gravação do programa, acompanhada de respectiva transcrição do conteúdo.

Deferido o pedido, o ofendido usará, para a resposta, tempo igual ao da ofensa, porém nunca inferior a um minuto, que será veiculada no horário destinado ao partido político ou coligação responsável pela ofensa, devendo dirigir-se aos fatos nela veiculados.

Quando o tempo reservado ao partido político ou coligação responsável pela ofensa for inferior a 1 minuto, a resposta será levada ao ar tantas vezes quantas forem necessárias para a sua complementação.

Saliente-se que da notificação à emissora geradora e ao partido ou coligação atingidos deve constar o período, diurno ou noturno, para a veiculação da resposta, sempre no início do programa do partido ou da coligação em que se praticou a ofensa e, ainda, o bloco de audiência, caso se trate de inserção.

O meio de armazenamento com a resposta, deverá ser entregue à emissora geradora até **36 horas** após a ciência da decisão, para sua veiculação no programa subsequente do partido político ou coligação em cujo horário se praticou a ofensa.

Se o Candidato ofendido usar o tempo concedido para resposta sem responder aos fatos veiculados na ofensa terá subtraído, do respectivo programa eleitoral, tempo idêntico.

Ademais, ficará sujeito à suspensão de igual tempo em eventuais pedidos de direito de resposta e à multa no valor de R$ 2.128,20 a R$ 5.320,50.

19.4 OFENSA VEICULADA NA INTERNET

O pedido poderá ser feito a qualquer tempo enquanto a ofensa estiver sendo veiculada ou, no prazo de **3 dias,** contado de sua retirada.

A inicial deverá ser instruída com cópia eletrônica da página em que foi divulgada a ofensa e com a perfeita identificação de seu endereço na Internet.

Deferido o pedido, o usuário ofensor deverá divulgar a resposta do ofendido em até **2 dias** após a entrega da mídia física e empregar nessa divulgação o mesmo impulsionamento de conteúdo e o mesmo veículo, espaço, local, horário, página eletrônica, tamanho, caracteres e outros elementos de realce usado na ofensa, podendo o Juiz Eleitoral usar dos meios adequados e necessários para **garantir a visibilidade à resposta de forma equivalente à ofensa**.

A resposta deverá ficar disponível para acesso pelos usuários do serviço de Internet por tempo não inferior ao dobro em que esteve disponível a mensagem considerada ofensiva.

Os custos de veiculação da resposta correrão por conta do responsável pela propaganda original.

Se a ofensa acontecer em dia e hora que inviabilizem sua reparação dentro dos prazos acima, a resposta será divulgada no horário que a Justiça Eleitoral determinar, ainda que nos **2 dias** anteriores ao pleito, de modo a não ensejar tréplica.

O descumprimento, ainda que parcial, da decisão que deferir o direito de resposta sujeitará o infrator ao pagamento de multa no valor de R$ 5.320,50 a R$ 15.961,50, duplicada em caso de reiteração da conduta sem prejuízo de responder por crime de desobediência eleitoral.

20

AÇÃO DE INVESTIGAÇÃO JUDICIAL ELEITORAL - AIJE

Marino Pazzaglini Filho

A ação de investigação judicial eleitoral - AIJE, constitui ação civil eleitoral de conhecimento, destinada a apurar determinados comportamentos em campanha eleitoral, que, em razão de abuso e influência do poder econômico ou político, são capazes de prejudicar a liberdade de voto, a isonomia entre candidatos e a lisura das eleições.

A **AIJE** pode ser ajuizada para persecução das seguintes transgressões eleitorais:

- abuso de poder econômico ou político;
- captação ilícita de sufrágio;
- uso indevido dos meios na comunicação social;
- arrecadação e gastos ilícitos de campanha eleitoral; e
- prática de conduta vedada.

Os efeitos pretendidos com a interposição da **AIJE** são:

- declaração da inelegibilidade dos acionados (candidatos e demais envolvidos) para o pleito em que se verificou o ato abusivo e para as eleições a se realizarem nos 8 anos subsequentes; e

- cassação do registro ou do diploma do candidato declarado inelegível e a perda do mandato, se já estiver no exercício.

O bem protegido é a normalidade e a lisura das eleições contra a influência dos poderes político, econômico e a dos meios de comunicação.

O fato abusivo não precisa ter potencialidade capaz de alterar o resultado do pleito, mas apenas ser grave face às circunstâncias que o caracterizou de forma a comprometer a higidez, a normalidade da eleição e a igualdade de oportunidades entre os candidatos.

O **abuso do poder econômico**, configura-se com a utilização excessiva ou indevida de recursos materiais, públicos ou privados, em especial na arrecadação e gastos ilícitos de recursos na campanha eleitoral.

O **abuso do poder político** é o uso escuso do cargo ou função por agente público, valendo-se de sua condição funcional em benefício de candidaturas, com o propósito de angariar votos a favor de determinados candidatos. Em geral, caracteriza prática de conduta vedada em campanha eleitoral (art. 73 a 75 da Lei das Eleições);

O **abuso do poder dos meios de comunicação** se caracteriza com o uso excessivo, distorcido ou vedado dos veículos de mídia, da Internet, da imprensa escrita e de emissoras de rádio e televisão, a favor de candidato ou partido, dando-lhe tratamento privilegiado.

Aliás, o art. 37 da Lei das Eleições veda a veiculação de propaganda eleitoral de qualquer natureza em bens de uso comum, como templos, cinemas, clubes, lojas e centro comerciais.

A **captação ilícita de sufrágio** será examinada no próximo capítulo.

20.1 PROCEDIMENTO E EFEITOS

A sua tramitação observa o rito processual estabelecido no art. 22 da LC nº 64/90.

A AIJE por abuso do poder econômico, político ou dos meios de comunicação social pode ser ajuizada a partir do pedido de registro da candidatura, mesmo que esteja em andamento ação para impugná-lo, até a data de diplomação dos eleitos.

E a AIJE com base no art. 30-A da Lei das Eleições, que tem por objeto a captação e gastos ilícitos de recursos financeiros em campanha eleitoral, no prazo de 15 dias contados da diplomação.

As **partes legítimas** para ingressar com **AIJE** são os candidatos, os partidos políticos, as coligações e o Ministério Público Eleitoral, exceto **AIJE** que tenha por objeto as arrecadações e gastos de recursos, cujos entes legítimos para ajuizá-las são apenas os partidos políticos e as coligações.

Cumpre ressaltar que, nas demandas eleitorais em que se pleiteia a cassação do registro, do diploma ou do mandato do Prefeito é imprescindível a citação do respectivo Vice na condição de **litisconsorte passivo necessário**, sob pena de nulidade do feito, perante a possibilidade dos integrantes da chapa majoritária serem afetados pela eficácia da decisão, posto que a nulidade da eleição daquele implica também na nulidade da eleição deste.

Nas eleições municipais, o Juiz Eleitoral da circunscrição do pleito é o competente para conhecer e processar a **ação de investigação judicial eleitoral – AIJE**, exercendo todas as funções atribuídas na LC nº 64/90 ao Corregedor-Geral ou Regional, conforme já assinalado por ocasião do estudo dos arts. 19 a 22 desse diploma legal, competindo aos promotores de justiça (membros do Ministério Público Estadual) indicados pelo Procurador-Regional Eleitoral e Procurador-Geral de Justiça atuarem junto aos juízes eleitorais, exercendo atribuições análogas às do Procurador-Regional Eleitoral.

O Juiz Eleitoral, ao despachar a inicial, indeferirá desde logo o pedido, quando faltar na **AIJE** requisito exigido na LC nº 64/90, impedindo o andamento de lide temerária, podendo o interessado recorrer ao TRE, que decidirá dentro de 24hrs.

A renovação de AIJE, no caso de anterior indeferimento, requer a apresentação de fatos, indícios, circunstâncias e fundamentos novos em relação aos que já foram apresentados à Justiça Eleitoral.

Segundo a norma eleitoral, julgada procedente a **AIJE**, será declarada a inelegibilidade do candidato diretamente beneficiado pelos abusos apurados, bem como dos quantos que tenham contribuído para sua ocorrência, para as eleições em andamento, se for o caso, e para os pleitos futurosque se realizarem nos 8 anos subsequentes.

Da sentença é cabível recurso ordinário, no prazo de **3 dias**, para o Tribunal Regional Eleitoral.

Segundo o Código Eleitoral, o recurso ordinário interposto contra a decisão proferida por Juiz Eleitoral ou por Tribunal Regional Eleitoral, que resulte em cassação de registro, afastamento do titular ou perda de mandato eletivo, será recebido pelo Tribunal competente com efeito suspensivo, impedindo a eficácia imediata da decisão judicial.

Se a decisão for proferida antes do pleito, **o registro do candidato considerado inelegível será cassado**. Após a eleição, na hipótese de a decisão ocorrer antes da diplomação, **o candidato eleito condenado não será diplomado**. E, no caso de acontecer após a diplomação, haverá a **cassação do diploma**, bem assim a **perda do mandato**, se já tiver no seu exercício.

20.2 RESUMO

AÇÃO DE INVESTIGAÇÃO JUDICIAL ELEITORAL – AIJE

Bem Jurídico Tutelado	Normalidade e legitimidade do processo eleitoral

Causa de Pedir	**Abuso** do poder econômico, político ou dos meios de comunicação social. **Captação** ilícita de sufrágio. **Arrecadação** e gastos ilícitos na campanha eleitoral. **Condutas vedadas.**
Objetivos	**Decretação** de inelegibilidade do candidato (e demais acionados) e cassação do registro ou diploma, e no caso de captação, também multa.
Prazo	Até a data da diplomação, exceto a AIJE relativa à arrecadação e gastos de recursos, que será até 1° de março de 2021.
Procedimento	Art. 22 da LC n° 64/90.
Efeitos	Decisão transitada em julgado antes da diplomação: declaração da inelegibilidade do Candidato investigado e de quantos tenham contribuído para sua prática, pelo prazo de 8 anos subsequentes as eleições, e cassação do registro de Candidato. Posterior à diplomação: declaração de inelegibilidade pelo prazo de 8 anos do pleito e cassação do diploma, bem assim a perda do mandato, se já estiver no exercício.

21

CAPTAÇÃO ILÍCITA DE SUFRÁGIO

Marino Pazzaglini Filho

21.1 CONSIDERAÇÕES GERAIS E CARACTERIZAÇÃO DA CAPTAÇÃO ILÍCITA DE SUFRÁGIO

Conhecida como "compra de votos", a captação ilícita de sufrágio está tipificada no art. 41-A da Lei das Eleições, do seguinte teor:

> Ressalvado o disposto no art. 26 e seus incisos, constitui captação de sufrágio, vedada por esta Lei, o candidato doar, oferecer, prometer, ou entregar, ao eleitor, com o fim de obter-lhe o voto, bem ou vantagem pessoal de qualquer natureza, inclusive emprego ou função pública, desde o registro da candidatura até o dia da eleição, inclusive, sob pena de multa de mil a cinquenta mil Ufir, e cassação do registro ou do diploma, observado o procedimento previsto no art. 22 da Lei Complementar no 64, de 18 de maio de 1990.

A captação ilícita de sufrágio consiste na doação, oferta, promessa ou entrega de vantagem pessoal de qualquer natureza ao eleitor com o fim de obter-lhe o voto. É o aliciamento espúrio de eleitores mediante compra, direta ou indireta, de seus votos.

Para a sua configuração é indispensável, **em primeiro lugar, que a vantagem ou benefício, de qualquer espécie, seja específico, concreto e se destine a eleitor individualizado.**

Vale dizer, a vantagem oferecida ou prometida tem que ser de caráter pessoal, procurando estabelecer um nexo de cumplicidade entre o Candidato e o Eleitor para angariar o voto deste em favor daquele.

Assim, não caracteriza captação ilícita as meras promessas genéricas de campanha como, por exemplo, as feitas em palanques e em programas de rádio ou televisão de ampliação de benefícios sociais à população carente do Município, de regularização de loteamentos clandestinos, de construção de obra de interesse comunitário.

Em segundo lugar, que a doação, o oferecimento ou a promessa de bens ou outros benefícios particularizados seja feita pelo candidato ou por terceiro em seu nome.

Ou seja, é indispensável, também, à sua configuração, a prova da participação, direta ou indireta, do Candidato acionado, que inclusive pode se resumir na anuência à prática ilícita objeto da apuração.

Sendo assim, não exige a participação do Candidato na compra de voto, bastando a sua anuência à captação ilícita de sufrágio empreendida pelos seus "cabos eleitorais".

Portanto, é mister para a sua configuração a vontade deliberada de **"captação de sufrágio"** por meio de oferta de bem ou outra vantagem ao eleitor, de **"troca de voto"** por benefícios pessoais de qualquer natureza, ou seja, que a vantagem ou benefício seja dado ou oferecido com pedido de voto.

A condenação do Candidato por infração ao art. 41-A da Lei das Eleições deve assentar-se, em razão da gravidade das penalidades, em prova firme e irrefutável (e não meras presunções) de que ele de qualquer forma participou (ou anuiu) com a entrega ou promessa de bem ou vantagem pessoal de qualquer natureza a eleitor em troca de sufrágio.

Em resumo, configura-se a captação ilícita de sufrágio, na abordagem direta do eleitor, pelo Candidato ou por seus parceiros, com oferta de qualquer vantagem, com o intuito de angariar seu voto, no decurso do período eleitoral, o qual vai desde a data em que o registro da candidatura daquele foi requerida até o dia da eleição, inclusive.

21.2 PROCEDIMENTO E EFEITOS

O meio processual para a apuração de captação ilícita de sufrágio é **a ação de investigação judicial eleitoral** - AIJE (art. 22 da L.C. 64/90), analisada no capítulo anterior, que poderá ser ajuizada até a data da diplomação.

Julgada procedente a **AIJE** sobre captação ilícita de sufrágio, serão aplicadas, cumulativamente, as sanções de multa e de cassação do registro do Candidato corruptor ou do seu diploma, caso, por ocasião da sentença, já tenha sido expedido.

A sanção de multa, no valor de R$ 1.064,10 à R$ 53.205,00, será dosada de acordo com a gravidade do caso concreto.

Ademais, em razão do disposto no art. 1°, I, "j", da Lei n° 64/90, o Candidato corruptor condenado, em decisão transitada em julgado ou proferida por órgão colegiado da Justiça Eleitoral, sofrerá também a sanção de inelegibilidade pelo prazo de 8 anos, a contar da eleição.

Em face da decisão, posterior às eleições municipais, que reconhece a captação ilícita de sufrágio, os votos obtidos pelo candidato a Prefeito infrator, diplomado ou empossado, são anulados, sendo desconstituído o seu mandato e do Vice da sua chapa.

E, após o trânsito em julgado, acarreta a realização de novas eleições, independentemente do número de votos anulados, sendo indireta, se a vacância do cargo ocorrer a menos de 6 meses do final do mandato, e direta, nos demais casos.

Nas eleições pelo sistema proporcional, os votos recebidos por Candidato à Câmara Municipal, que teve o seu diploma cassado por captação ilícita de sufrágio, deverão ser contados para a agremiação partidária que tiver feito o seu registro.

21.3 RESUMO

CAPTAÇÃO ILÍCITA DE SUFRÁGIO

Sujeito ativo	O Candidato diretamente ou através de terceiro, desde que haja a sua anuência.
Bem jurídico tutelado	A liberdade do voto, o princípio do sufrágio e a própria democracia.
Elementos objetivos do tipo/ causa de pedir	Doar, oferecer, prometer, ou entregar, ao eleitor, bem ou vantagem pessoal de qualquer natureza com o fim de obter-lhe o voto.
Prazo	Após o registro do Candidato envolvido até a data da diplomação.
Procedimento	Ação de investigação judicial – AIJE
Legitimados	Candidato, Partido, Coligação ou Ministério Público Eleitoral.
Elemento subjetivo, prova e consumação	• O elemento subjetivo é o dolo, a vontade do agente deve ser a obtenção do voto. • Deve estar comprovada a prática de qualquer dos elementos do tipo dirigida a eleitor individualizado, com o fim de angariar seu voto.
Efeitos/Sanções	• Cassação do registro do candidato acionado ou do seu diploma caso já tenha sido expedido por ocasião da decisão; • Multa de R$ 1.064,10 a R$ 53.205,00 dosada de acordo com a gravidade do caso concreto, descrito na decisão judicial; • Inelegibilidade pelo prazo de 8 anos a contar da eleição.

22

RECURSO CONTRA A EXPEDIÇÃO DE DIPLOMA - RCED

Marino Pazzaglini Filho

A diplomação, última etapa do processo eleitoral, constitui ato jurídico declaratório, formalizado em sessão especial, pela Justiça Eleitoral, dos eleitos, com a entrega dos diplomas.

A convocação dos eleitos e de seus suplentes para a diplomação é feita na oportunidade da proclamação dos resultados das eleições. E a sessão de diplomação é pública e se consubstancia em um ato único.

Portanto, o **processo eleitoral se encerra com a diplomação dos candidatos eleitos**. E a partir do **ato judicial** diplomação, a legislação eleitoral autoriza o ajuizamento de três medidas judiciais concernentes às eleições findas: recurso contra a expedição do diploma (**RCED**), ação de impugnação de mandato eletivo (**AIME**) e ação de investigação judicial eleitoral (**AIJE**) atinente à arrecadação e gastos de recursos na campanha eleitoral.

O **RCED** é uma ação eleitoral que tem por escopo desconstituir o diploma de candidato que logrou êxito nas eleições.

O RCED caberá somente nos casos de inelegibilidade superveniente ou de natureza constitucional e de falta de condição de elegibilidade.

A inelegibilidade superveniente que autoriza a interposição de **RCED** é aquela de índole constitucional ou se infraconstitucional, superveniente ao registro de candidatura, e que surge até a data do pleito (Súmula nº 47/TSE).

No entanto, se a inelegibilidade superveniente, que atrai restrição à candidatura, tenha sido formulada no âmbito do processo de registro, não poderá ser deduzida no RCED.

22.1 PROCEDIMENTO E EFEITOS

O **RCED**, em que pese se tratar de uma verdadeira ação judicial eleitoral de impugnação de diploma, é processada como recurso atípico perante o TRE.

O **RCED** deverá ser interposto no prazo de 3 dias contados após o último dia fixado para a diplomação dos candidatos eleitos.

Tem legitimidade para impetrá-lo, candidatos, partidos políticos ou coligações que participaram das eleições, assim como o Ministério Público Eleitoral.

Nas ações eleitorais em que se cogita cassação de registro, de diploma ou de mandato, há **litisconsórcio passivo necessário** entre os integrantes da chapa majoritária, considerada a possibilidade do Vice Prefeito ser afetado pela eficácia da decisão.

O recurso contra a expedição do diploma **(RCED)** admite todos os meios de prova, desde que indicados na petição inicial.

A prova testemunhal fica limitada ao número máximo de 6 testemunhas para cada parte, independentemente da quantidade de fatos e do número de recorrentes ou de recorridos.

A diplomação não terá eficácia definitiva enquanto estiver em andamento recurso eleitoral ou qualquer ação que poderá cassar o diploma e, consequentemente, o mandato. E o diplomado, enquanto não houver decisão final do recurso, exerce o mandato para o qual foi eleito em toda a sua plenitude.

O provimento do recurso implica na cassação do diploma e, no caso da eleição majoritária, na nulidade da eleição do Prefeito e também do Vice.

No caso do pleito proporcional, os votos recebidos por candidato a Vereador, que teve o seu diploma cassado, são computados para a legenda que lhe deferiu o registro, assumindo em seu lugar o primeiro suplente desse partido.

No caso do pleito majoritário, independentemente do mínimo de votos anulados, há de ser realizada nova eleição, sendo indireta na hipótese de a vacância do cargo de Prefeito ocorrer a menos de 6 meses do final do mandato e direta nos demais casos.

22.2 RESUMO

RECURSO CONTRA A EXPEDIÇÃO DO DIPLOMA – RCED

Objetivo	Cassação do diploma.
Causa de Pedir	Inelegibilidade constitucional ou infraconstitucional superveniente. Falta de condição de elegibilidade.
Prazo	Ajuizamento no prazo de 3 dias da diplomação.
Legitimados	Candidato, Partido ou Coligação ou Ministério Público Eleitoral.
Procedimento	Arts. 262 e 267 do Código Eleitoral.
Prova	Todos os meios de prova indicados na petição de recurso.

Efeitos	Cassação do diploma do candidato eleito e de seu consequente mandato, se já estiver em exercício. Na eleição majoritária, da nulidade da diplomação do Prefeito, em conjunto com a do Vice de sua chapa, resulta a realização de novo pleito. Na eleição proporcional, os votos recebidos pelo Vereador, que teve o diploma cancelado, são computados para o partido que o registrou, assumindo no seu lugar o primeiro suplente da agremiação.

23

AÇÃO DE IMPUGNAÇÃO DE MANDATO ELETIVO - AIME

Marino Pazzaglini Filho

A ação de impugnação de mandato eletivo - **AIME** tem previsão constitucional:

> "O mandato eletivo poderá ser impugnado ante a Justiça Eleitoral no prazo de quinze dias contados da diplomação, instruída a ação com provas de abuso do poder econômico, corrupção ou fraude." (art. 14, § 10)

A Justiça Eleitoral reconhece o mandato eletivo desde a diplomação e a partir desse momento os eleitos passam a deter o direito do exercício do mandato.

Nesse contexto, a **AIME** é a única ação eleitoral que conta com lastro constitucional para retirar o agente público do mandato, que foi investido pelo escrutínio das urnas, de ordem a mitigar, se julgada procedente, o cânone de soberania popular, por ofensa aos postulados que regem o pleito eleitoral, tais como a isonomia dos candidatos na disputa, a liberdade de voto e a legitimidade das eleições.

Assim, a **AIME** tem por fim apurar a prática de abuso de poder econômico, corrupção ou fraude eleitoral.

No entanto, o abuso do poder político quando houver entrelação deste com abuso de poder econômico pode ser objeto de AIME como, v.g., na hipótese em que o prefeito, candidato à reeleição, empregue recursos patrimoniais, públicos ou privados, sob os quais detém poder de gestão ou controle, em seu favorecimento pessoal de forma a comprometer a legitimidade do pleito.

De se ver que, também, **pode ser ajuizada com fundamento no art. 41-A da Lei nº 9.504/97, posto que a captação ilícita de sufrágio se enquadra em corrupção.**

A fraude eleitoral que pode ensejar o seu ajuizamento é aquela que tem reflexo na votação a comprometer a legitimidade da eleição.

Neste ponto, cumpre ter presente que configura fraude eleitoral a desobediência da cota de gênero de candidaturas proporcionais, dificultado a efetiva participação feminina nas eleições.

Na **AIME**, o Vice-Prefeito respectivo deve figurar no pólo passivo da demanda, posto que há **litisconsórcio passivo necessário** entre os integrantes da chapa majoritária em virtude de sua indivisibilidade, o que poderá acarretar também a perda de seu mandato.

23.1 PROCEDIMENTO E EFEITOS

A **AIME deve ser interposta** perante o Juiz Eleitoral, **no prazo de 15 dias contados da diplomação,** contra candidato eleito a Prefeito, Vice-Prefeito ou Vereador.

O **termo inicial** do prazo para a sua propositura é o dia seguinte à diplomação, ainda que esse dia seja recesso forense ou feriado, uma vez que se trata de prazo decadencial.

O **termo final** do prazo, na hipótese de cair em feriado ou em dia que não haja expediente normal, prorroga-se para o primeiro dia útil seguinte.

O procedimento da **AIME** é o mesmo adotado para a impugnação ao pedido de registro de candidatura (arts. 3º a 16 da LC nº 64/90), mas a sua tramitação, nos termos do art. 14, §11, da Constituição Federal, é sigilosa. Assim, embora o julgamento seja público, o andamento do processo se dá em segredo de justiça, respondendo o autor, na forma da lei, se temerária ou de manifesta má fé.

A **AIME** tem espaço próprio para produção de provas. Para sua propositura é mister, sob pena de indeferimento da inicial, ser instruída com provas razoáveis do abuso do poder econômico, corrupção ou fraude.

Em suma, a perda do mandato, efeito primário da **AIME**, é consequência do comprometimento da lisura eleitoral por expressivos vícios decorrentes de abuso do poder econômico, corrupção ou fraude.

A decisão que julgar a **AIME** procedente não conduz a execução imediata do julgamento, posto que **o recurso ordinário interposto contra decisão proferida por Juiz Eleitoral ou por Tribunal Regional Eleitoral "que resulte em cassação de registro, afastamento do titular ou perda de mandato eletivo será recebido pelo Tribunal competente com efeito suspensivo"** (art. 257, §2º do Código Eleitoral).

A decisão da Justiça Eleitoral que importe a perda do mandato do candidato a Prefeito eleito acarreta a realização de novas eleições, independente do número de votos anulados, sendo indireta (Câmara Municipal), na hipótese da vacância ocorrer a menos de 6 meses do final do mandato.

23.2 RESUMO

<u>AÇÃO DE IMPUGNAÇÃO DE MANDATO ELETIVO - AIME</u>

Objetivo	Cassação do mandato eletivo.
Causa de Pedir	Abuso do poder econômico. Corrupção (inclusive captação ilícita de sufrágio). Fraude eleitoral.

Prazo	Ajuizamento até 15 dias da data da diplomação.
Legitimados	Candidato, Partido ou Coligação ou Ministério Público Eleitoral.
Procedimento	O adotado para impugnação ao pedido de registro de candidatura (arts. 3º a 16 da LC 64/90).
Prova	Quebra da isonomia e da normalidade da disputa eleitoral.
Efeito	Perda do mandato.

24

CRIMES ELEITORAIS

Marino Pazzaglini Filho

Os crimes eleitorais constituem transgressões à ordem eleitoral, praticadas em geral no transcurso do processo eleitoral, por candidatos, agentes públicos e demais eleitores dele participantes, consideradas graves e, por isso, tipificadas como ilícitos penais no ordenamento eleitoral.

24.1 ASPECTOS GERAIS

O Código Eleitoral (Lei n° 9.437, de 15.7.1965) dedica um capítulo específico para discriminar os delitos eleitorais concernentes a todo o processo eleitoral (arts. 289 a 354-A do CE).

A Lei das Eleições (Lei n° 9.504, de 30.9.1997) instituiu mais 12 infrações penais, que se somam às 62 descritas naquele diploma legal. E a Lei de Inelegibilidade (LC nº 64/90) tipificou como crime a arguição de inelegibilidade ou a impugnação de registro de candidato deduzida de forma temerária ou de manifesta má-fé (art. 25).

O objeto de tutela penal nos crimes eleitorais, essencialmente, é a lisura do processo eleitoral e a liberdade de voto.

É da competência da Justiça Eleitoral o processo e o julgamento dos crimes eleitorais, que, nas eleições municipais, em primeiro grau, é dos juízes eleitorais, observadas as normas previstas nos arts. 335 a 364 do Código Eleitoral, acrescidos das constantes nos arts, 395/397 e 400 do CPP.

A persecução penal de todos os crimes eleitorais se dá por ação penal publica incondicionada promovida pelo Ministério Público Eleitoral.

24.2. CRIMES ELEITORAIS DESCRITOS NA RESOLUÇÃO TSE 23.735/2024

Esta norma eleitoral dispõe dos seguintes ilícitos:

> I - abuso de poder (§ 10 do art. 14 da Constituição Federal; art. 22 da Lei Complementar n° 64, de 18 de maio de 1990);
>
> II – fraude (§ 10 do art. 14 da Constituição Federal);
>
> III – corrupção (§ 10 do art. 14 da Constituição Federal);
>
> IV – arrecadação e gasto ilícito de recursos de campanha (art. 30-A da Lei n° 9.504/97);
>
> V – captação ilícita de sufrágio (art. 41-A da Lei n° 9.504/97); e
>
> VI – condutas vedadas às (aos) agentes públicas(os) em campanha (arts. 73 a 76 da Lei n° 9.504/97).

Neste capítulo são somente analisados os crimes eleitorais descritos nesta resolução.

Este e os demais crimes constantes da legislação eleitoral enunciada no item 24.1 são comentados no livro de minha autoria, editado pela JUSPODIVM, "Crimes Eleitorais".

I – Abuso de Poder (§ 10 art. 14 da CF e art. 22 da LIA (LC n° 64/1990).

Qualquer partido político, coligação, candidato ou Ministério Público Eleitoral poderá representar à Justiça Eleitoral relatando fatos e indicando provas, indícios e circunstâncias e pedir abertura de investigação judicial para apurar uso indevido, desvio ou abuso do poder econômico ou do poder de autoridade, ou utilização indevida de veículos ou meios de comunicação social, em benefício de candidato ou de partido político.

A apuração de abuso de poder exige a indicação da modalidade expressamente prevista na legislação eleitoral (art. 6° da Resolução 23.735).

Ademais, estabelece que o abuso do poder político, evidenciado em ato que possua expressão econômica, pode também ser examinado como **abuso do poder econômico** (art. 6° § 10 da resolução)

E para sua configuração não será considerada a potencialidade de o fato alterar o resultado da eleição, mas apenas a gravidade das circunstâncias que o caracterizam (art. 7° da resolução).

II - Fraude (§ 10 do art. 14 da CF).

Esta norma constitucional prescreve que o mandato eletivo poderá ser impugnado ante a Justiça Eleitoral no prazo de 15 dias contados da diplomação, instruída a ação com provas de abuso do poder econômico, corrupção ou fraude.

De acordo com a Resolução TSE n° 23.735:

- a fraude lesiva ao processo eleitoral abrange atos que possam ludibriar o eleitorado ou adulterar processos de votação e simulações e artifícios empregados com a finalidade de conferir vantagem indevida a partido político, federação, coligação, candidata ou candidato e que possam comprometer a normalidade das eleições e a legitimidade dos mandatos eletivos;
- configura fraude à lei, para fins eleitorais, a prática de atos de aparente legalidade, mas destinados a frustrar os objetivos de normas eleitorais cogentes;
- para a caracterização da fraude à cota de gênero é suficiente o desvirtuamento finalístico, dispensada a demonstração do elemento subjetivo consistente na intenção de fraudar a lei;

- a fraude à cota de gênero acarreta a cassação do diploma de todos os candidatos eleitos, a invalidação da lista de candidaturas do partido ou da federação que dela tenha se valido e a anulação dos votos nominais e de legenda, com as consequências previstas no caput do art. 224 do Código Eleitoral.

III – Corrupção Eleitoral

O art. 299 do Código Eleitoral define o crime de corrupção eleitoral: dar, oferecer, prometer, solicitar ou receber, para si ou para outrem, dinheiro, dádiva ou qualquer outra vantagem, para obter ou dar voto e para conseguir ou prometer abstenção, ainda que a oferta não seja aceita:

Pena – reclusão até 4 (quatro) anos e pagamento de 5 (cinco) a 15 (quinze) dias-multa.

O objeto da proteção penal é a liberdade de voto, ou seja, a livre manifestação de voto do eleitor sem sofrer influência ou mácula de agente corruptor.

É norma penal de "mão dupla". Pune não apenas quem dá, oferece ou promete qualquer vantagem, como também aquele que solicita ou recebe, para si ou para outrem.

A condenação por esse delito acarreta a inelegibilidade do condenado por 8 anos contados após o cumprimento da pena.

Este ilícito penal foi também abordado no livro "Crimes Eleitorais".

IV – Arrecadação e gastos ilícitos de recursos na campanha (art. 30-A da Lei das Eleições)

O art. 30-A estabelece que: qualquer partido político ou coligação poderá representar à Justiça Eleitoral, no prazo de 15 dias da diplomação, relatando fatos e indicando provas, e pedir, a abertura de investigação judicial para apurar condutas em desacordo com as normas desta Lei, relativas à arrecadação e gastos de recursos.

A AIJE também é o procedimento de sua apuração.

V – Captação ilícita de sufrágio (art. 41-A da Lei das Eleições)

Constitui captação ilegal de sufrágio a candidata ou o candidato doar, oferecer, prometer, ou entregar à eleitora ou ao eleitor, com o fim de obter-lhe o voto, bem ou vantagem pessoal de qualquer natureza, inclusive emprego ou função pública, desde o registro da candidatura até o dia da eleição (art. 41 -A da Lei nº 9.504, de 1997).

Para a caracterização da conduta ilícita é desnecessário o pedido explícito de votos, bastando a evidência do dolo, consistente no especial fim de agir (§ 1º do art. 41 -A da Lei nº 9.504, de 1997).

A captação ilícita de sufrágio foi devidamente comentada no capítulo 21, para o qual remeto o leitor.

ANOTAÇÕES

ANOTAÇÕES

ANOTAÇÕES

ANOTAÇÕES

ANOTAÇÕES

ANOTAÇÕES

ANOTAÇÕES

ANOTAÇÕES

EDITORA
JusPODIVM
www.editorajuspodivm.com.br

Impresso por:

Docuprint

CNPJ 01.036.332/0001-99

JUS3226